Circulo de Bellas Artes

Presidente
Juan Miguel Hernández León

Director
César Antonio Molina

Coordinador del Departamento de Artes Plásticas
Xosé Luis García-Canido

Ayuntamiento de la Coruña

Alcalde-Presidente
Francisco Vázquez Vázquez

Concejal Coordinador del
Área de Bienestar
José Luis Méndez Romeu

Técnico Conservador de Museos
Jaime Oíza Galán

Exposición

Comisario
António Cerveira Pinto

Coordinación
En Madrid: Círculo de Bellas Artes
En La Coruña: Kiosco Alfonso

Itinerancia

Circulo de Bellas Artes, Madrid
10 de junio al 27 de julio, 2003

Palacio Municipal de Exposiciones
Kiosco Alfonso, La Coruña
15 de octubre al 16 de noviembre, 2003

Catálogo

Coordinación
António Cerveira Pinto
Departamento de Artes Plásticas del Círculo
de Bellas Artes

Diseño
Filipe Preto

Traducciones
John Elliott
Patrícia Vale

Fotografías de las obras
Jorge Barreiros, T. Behrens

Imprenta
Industrias Gráficas Afanias

Madrid, Mayo-Junio 2003

ISBN: 84-86418-27-5
Depósito Legal: M-27169-2003

T. Behrens

Círculo de Bellas Artes
Madrid
10 de junio al 27 de julio de 2003
Marqués de Casa Riera, 2 - 28014 Madrid · Tfno: 91 360 54 00 902 42 24 42 www.circulobellasartes.com . Radio Círculo: 100.4 FM

Kiosco Alfonso
A Coruña
17 de octubre al 16 de noviembre 2003
Jardines Méndez Núñez. s/n 15003 A Coruña

Ayuntamiento de La Coruña
Concello de A Coruña

Juan Miguel Hernández León
Presidente del Círculo de Bellas Artes

Históricamente, Tim Behrens pertenece a las misma generación que Francis Bacon, Lucian Freud, Leon Kossof, Michael Andrews o Frank Auerbach., miembros de la denominada Escuela de Londres, de quienes fue amigo personal y coincidió en la famosa Slade School of Fine Arts. Sin embargo, la historia o, al menos, una parte de la historiografía artística, ha permanecido distraída, como manifiesta Antonio Cerveira Pinto, comisario de la exposición, en su introducción, con respecto a la obra de Behrens. Ahora, el Círculo de Bellas Artes, en colaboración con el Ayuntamiento de A Coruña, pretende corregir ese olvido histórico, con una atractiva exposición que recorre un amplio periodo temporal y temático de este magnifico artista que se autodefine como "pintor de personas"

Francisco Vázquez Vázquez
Alcalde de A Coruña

La vitalidad de una ciudad se mide por muchos factores y no pocos están directamente conectados con la vida cultural. Uno de ellos es la calidad de los artistas que produce y en este aspecto los últimos años deben llenarnos de orgullo a todos los coruñeses. Otro lo da la implicación de la población en la vida cultural, su integración en los circuitos artísticos y la participación del público en los espacios de exhibición, su proliferación en nuestra ciudad me satisface de un modo muy personal. Pero hay un tercer factor que viene dado por los artistas que la escogen para vivir en ella, para producir su obra aquí. Una ciudad que acoge a estos creadores debe ser, sin duda, un lugar de libertad, de tolerancia y de creación. Y en nuestra realidad disfrutamos, en los últimos años, de la vuelta de muchos de nuestros artistas y del afincamiento de otros que la escogen para crear en ella.

Pero no es menos cierto que estos 'acogidos' devuelven con creces lo que de nuestra ciudad reciben. Un artista es un espíritu crítico, con una especial capacidad de observación y una sensibilidad especialmente acentuada. De su bagaje todos nos enriquecemos y su prestigio lo comparte con la ciudad en la que produce.

Un autor de tan sólida formación, de un reconocimiento artístico tan indiscutido y con una riqueza humana como la de T. Behrens es uno de los mejores regalos que hemos podido recibir. Tim Behrens llegó hace ya unos años, casi por casualidad, a realizar una exposición en la tristemente desaparecida Galería Finisterrae. Pero este pintor de la llamada 'Escuela de Londres', tan fascinado por el Mediterráneo, decidió quedarse y aquí se ha integrado, compartiendo sus vivencias y conocimientos, su amistad, con muchos pintores que aquí producen. Quién sabe si, en buena parte por su participación, dentro de unos años se tendrá que acuñar algo próximo a 'Escuela de Coruña'.

Ahora más de quince años después de esa exposición ha llegado el momento de volver a mostrar sus obras, primero en Madrid y finalmente en La Coruña. Lo que ahora se muestra son piezas producidas desde nuestra ciudad, y de esto todos sus convecinos no podemos sino sentirnos, con él, orgullosos.

Prefiero ser de la escuela de A Coruña, dice T. Behrens en el testimonio autobiográfico que escribió para este catalogo. Es cierto que hace mucho que este importante pintor nacido en Londres vive y trabaja en Galicia. Es cierto que su pintura trata insistentemente de paisajes, personas, situaciones y circunstancias del cotidiano, y por lo tanto de una atmósfera matizada por los colores atlánticos del Noroeste de la península. Todavía uno puede preguntarse hasta que punto el imaginario y el estilo de este artista se ha o no alejado lo suficiente de su vivencia formativa en el Londres de Michael Andrews, Francis Bacon, Lucien Freud y Frank Auerbach.

Eso es lo que espero poder aclarar al comisariar esta amplia exposición, por sugerencia de José Ramón López-Calvo, amigo de hace mucho, y decisión arriesgada del propio artista.

Al Círculo de Bellas Artes y su director, César Antonio Molina que aceptó desde la primera hora este desafío, y al Ayuntamiento de A Coruña, que generosamente lo patrocina, quedan mis agradecimientos más sinceros.

António Cerveira Pinto
Comisario de la muestra

T. Behrens y la llamada Escuela de Londres

António Cerveira Pinto

I

Nadie está obligado a permanecer en la historia. Pero tampoco es fácil excluir a alguien de esta misma "historia", sólo porque la historiografía y aquello a lo que venimos llamando curaduría se dejaron distraer o fueron distraídos por la lógica del día a día. Sabemos que las "historias" son casi siempre cuentos pasajeros del poder, pero aún así, cuesta creer cómo, con tanta frecuencia, se procede a verdaderas operaciones de maquillaje de los hechos que, de no haber sido censurados, acabarían por ser requeridos en nombre de una descripción, o de alguna teoría crítica. Por ejemplo, la sorpresa de descubrir el trabajo del pintor T. Behrens, ya a principios del siglo XXI, como algo umbilicalmente ligado a los realistas de varios matices a los que Kitaj vendría a llamar "Escuela de Londres", plantea algunas dudas: ¿conoce alguien al joven que aparece sentado al lado de Lucian Freud en la famosa fotografía "Lunch at Wheeler's"? Sabemos que se llama T. Behrens. Pero, ¿cuántos se han dado cuenta de que pinta como una cierta generación de artistas de posguerra (décadas de 50 y 60), con sede en Londres, y que acostumbraba frecuentar un bar llamado The Colony Room Club[1]. ¿Tendrá realmente algo que ver con ellos? ¿Será que su biografía, o su arte, se cruzan de algun modo con los surcos existencialistas de Lucian Freud, Francis Bacon, Leon Kossoff o Frank Auerbach? Viendo esta exposición, se hace evidente que sí. A pesar de ello, T. Behrens se volvió prácticamente invisible en los compendios del arte moderno del siglo XX.

T. Behrens era el más joven miembro del grupo de artistas bohemios del realismo londinense salido de la grande desilusión cultural causada por la debacle impuesta al mundo por los ascensos del fascismo y del nazismo.

¿Sería honesto, después de Auschwitz, hablar de arte?, se preguntaba Adorno angustiado. Era muy difícil, en la resaca de semejante barbarie, insistir en las propiedades libertadoras de la modernidad Futurista, en el onirismo Surrealista o en el progreso radical traído a las artes por el Abstraccionismo. Tras la barbarie vivida, había empezado el tiempo del Existencialismo. Había comenzado, en el arte europeo, el tiempo del Informalismo (Fautrier, Giacometti, Dubuffet) y de un "nuevo realismo", pautado por la conciencia del valor de las pequeñas cosas de la vida y de lo cotidiano. A los artistas, o al menos a una parte de ellos, entre los cuales Giacometti y Francis Bacon serían dos decisivos representantes, observados por Jean-Paul Sartre y Gilles Deleuze, se les impuso un ideario estético menos ambicioso, una actitud cultural más modesta, una disciplina de taller y la vuelta a un conjunto de lenguajes pictóricos perceptibles.

Aunque el discurso crítico dominante estuviera absorbido por la lógica lineal del "progreso" del arte Moderno y de las vanguardias, habiendo soslayado, durante mucho tiempo, a la generación de "realistas ingleses" (posiblemente hasta el ensayo de Gilles Deleuze sobre Bacon, de 1981), la verdad es que este aparente conservadurismo plástico fue esencial para el encuentro del arte inglés consigo mismo, en un panorama muy marcado por el 'internacionalismo abstracto'. Behrens dice en la entrevista que mantuvimos, que, en la época, los modelos autorizados seguían siendo los de la abstracción... A pesar de ello, Francis Bacon, Lucian Freud, etc., copiaban a Rembrandt y Velázquez, entre otros clásicos. Artistas atentos como Kitaj y Richard Hamilton, tomaron sus notas sobre los contornos intrínsecamente pragmáticos de esta generación de pintores.
A pesar de que pertenecemos a la época de la "reproductibilidad técnica" de las imágenes, o quizá por ello mismo, había una gran oportunidad para la pintura figurativa. La "Escuela de Londres" la retomó, esencialmente como un ejercicio de libertad individual, como un ejercicio de observación, imaginación, dibujo y pintura, en una especie de contraposición anacrónica a los vientos dominantes del arte industrial y mediático. El pop inglés (Richard Hamilton, Peter Blake, Hockney, etc.), aprovechando meticulosamente el conservadurismo aparente de este "nuevo realismo", abandona definitivamente las titubeantes ambiciones abstraccionistas ensayadas por el arte inglés a lo largo de la primera mitad del s. XX, y afirma con gran humor el advenimiento de una figuración inmediata y ditirámbica de los agitados tiempos de la posmodernidad: "pop", mega-urbana, tecnológica, televisiva, hiper-estética, erótica, mundana, global y consumista. En las islas británicas, en el auge del conceptualismo, sucesor lógico del triunfo del pop y de las investigaciones más radicales de los situacionistas, se impondrá una variante paisajista, ecológica y figurativa de esta especie de haraquiri iconoclasta de las artes (Richard Long, Hamish Fulton, Gilbert&George, Art&Language, etc.). Ya en la década de los 90, los principales protagonistas de los llamados *young british artists* no han hecho más que hipostasiar los mismos presupuestos del realismo posmoderno que informaron a la autonomía (entonces herética y despreciada) de la pintura de Francis Bacon, Frank Auerbach o T. Behrens, estirándolos hasta los límites de aquello que podríamos describir como una nueva anatomía extremada del ser. Es esta pulsión dirigida al

estudio meticuloso y obsesivo de las interfaces de la existencia y de la muerte, percibida y manifestada bajo la forma de una representación simbólica, lo que hace "regresar" a Damien Hirst al vetusto Colony Room.

A T. Behrens no le gusta que confundan su pintura con literatura (a la que se dedicó tangencialmente), pues hay espacio para ambas, y ambas describen la realidad de un modo al que llamaríamos único. La literatura estimula nuestra visión del mundo a través de un lenguaje directamente ligado a los niveles más elevados y abstractos de la representación interna de las 'cosas', y apela, por ello, a nuestra facultad de construir imágenes y de sentir, a partir de un conjunto de signos abstractos. En cambio, la pintura, se dirige, en primer lugar, a los niveles más bajos de la inteligencia, protagonizados por nuestros sensores visuales. Antes de que interpretemos las formas, establecemos un intercambio sensorial decisivo con la materia de la pintura: su dimensión, la luz, el contraste, el color y la morfología. Todo esto, en oposición al texto, es decisivo en la apreciación de la obra plástica, mucho antes de que hayamos decidido si el tema es bueno, o si hay una historia bien contada. Digamos que la información esperada de una pintura es en cierto modo menos interesante que el arte contenido en ella. Dicho de otro modo, lo que sobrevive en la memoria de una obra de arte, no es tanto su información ostensible, que hasta cierto punto la origina (la coronación de Napoleón, la deposición de Jesucristo, un bodegón con lirios, una abstracción monocromática, ...), sino su "forma", o, mejor dicho, la experiencia de su aparición y del modo como afectó nuestro complejo sensorial, nuestra rutina conceptual y nuestra estructura ideológica. No obstante, sabemos también que la nominación de las formas y de los colores acaba empapándolos en una especie de pre-significación culturalmente condicionada: el blanco, que los occidentales entienden como mensaje de paz, es para los chinos una señal de luto; la música de unos no pasa de un ruido insoportable para otros; el hedor de algunos quesos resulta altamente agradable para muchos gastrónomos; pocos aprecian el inaccesible sabor del caviar de Beluga. Así, podemos quizá afirmar que, en cierto sentido, nada sustituye a la experiencia sensorial en su valor de impacto ineludible de la realidad sobre las interfaces sensibles de nuestro cuerpo; hay, en esta materialidad de la percepción, algo que es irreductible a la razón. Pero por otro lado, tenemos que aceptar el hecho de que la división y jerarquización de las sensaciones ocurre desde muy temprano como una construcción social, ideológica y cultural. Es precisamente en esta ambivalencia sensorial en la que la persistencia de la Pintura entra en juego.

Después de la invención de la fotografía, la pintura ha perdido gran parte de su importancia en los sistemas institucionalizados de imaginación ideológica. La representación icónica, como revelación de la verdad, encargada al hechicero, al demiurgo, al vicario, y al político, ha sufrido desde Daguerre y de los hermanos Lumière una enorme erosión. A partir del momento en que fue posible encontrar un proceso de transferencia mecánica de las imágenes que percibimos para soportes de representación, ninguna pintura, por más realista que fuese, podría contener aquello que Roland Barthes llamó el "noema" de la fotografía – o el "esto ha sido" - , es decir, la capacidad de convencernos de que lo visto en una fotografía realmente ocurrió, independientemente de la calidad material y de la resolución de la imagen. Se sabe, sin embargo, sobre todo después de las falsificaciones de las fotografías del Kremlin (en las cuales Trotsky y otros incómodos bolcheviques fueron sistemáticamente apagados por los burócratas de Stalin), que también la fotografía se transformaría rápidamente en un lenguaje de comunicación social, recurrentemente falsificada en nombre de las líneas editoriales de los respectivos autores. La proclamada espontaneidad fotográfica de Cartier Bresson vino a revelarse como otra construcción laboriosa de la imagen de la realidad. La pintura figurativa, aclarado el mecanismo ilusionista del nuevo médium, podría reivindicar ahora su nicho de legitimidad filosófica. La objetividad pictográfica, es decir, la factualidad sensorial de la pintura, volvía a tener frente a sí todo el tiempo del mundo. Y la subjetividad pictórica, es decir, la imaginación construida en el lienzo, despojada por fin de las pesadas responsabilidades institucionales, transferidas a los dominios de la fotografía, del cine y de la televisión, podía ahora manifestarse en el vértigo de una libertad radical recién adquirida. Reducida a una 'funcionalidad' meramente imagética, la Pintura ganaba el derecho a la autonomía de su propia voz, y el deber de la disciplina de sus propios gestos de inscripción y rasura. Sin embargo, mientras, la pedagogia de la abstracción y de la iconoclastia conceptualista, diseminada insistentemente a partir de París, y después a partir de Nueva York, durante más de cincuenta años, alimentó una increíble burocracia cultural, cuya superficialidad intelectual y cuyo oportunismo hace difícil, todavía en nuestros días, el conocimiento honesto de los hechos y las problemáticas.

II

Uno de mis ejercicios teóricos predilectos es demostrar la imposibilidad de la pintura después de Daguerre, Marx y Sigmund Freud...El otro, es entretenerme en la filigrana infinita y aparentemente indestructible de esa extraordinaria tradición.

La pintura y el Arte en general han tenido desde siempre la función ideológica de configurar simbólicamente los universos antropológicos de las sociedades y de los individuos. Una parte decisiva de esta misión ha estado desde muy pronto ligada a la necesidad de plasmar y conservar las imágenes oriundas de los procesos subjetivos e intersubjetivos en soportes accesibles, transmisibles y resistentes al paso de un "tiempo" repartido en cuatro escalas de relatividad: el individuo, la familia, la sociedad y lo desconocido.

Al descubrir, por vez primera, nuestra imagen reflejada en la superficie tranquila de un río, descubrimos también el motor reflexivo que ya no nos abandonará en la insistente búsqueda del conocimiento. Al descubrir la intrigante existencia de las imágenes, desarrollamos la certeza intuitiva de que caminamos, no entre cosas, sino entre luz y sombras. Las propias esculturas lumínicas que interpretamos, convenientemente, como cosas, no son más que alegorías de la realidad. Sólo una larga y paciente contemplación de las mismas, sumada a la fricción de la vida, ha ido permitiendo a los artistas, a los poetas y a los filósofos, fabricar la enorme torre de las representaciones necesarias para la comunicación, la fabricación de lenguajes, la organización de la metafísica y el éxtasis. Y fue el darse cuenta de que todo aquello que vemos son imágenes, lo que provocó una larga y persistente atracción por los espejos y por lo que hicimos de la "especulación" nuestro primer medio de indagación lógica. Hemos pulido todos los materiales reflectores de la Naturaleza, hemos estudiado el extenso espectro de la energía para inventar lentes y membranas capaces de retener el laberinto infinito de las imágenes externas e internas del mundo, hemos hipostasiado incluso la misma "subjetividad" y la hemos transformado en un diapasón capaz de revelar el éter de nuestras pasiones, voluntades e incertidumbres. Recorrer este camino ha hecho que una parte importante de la pintura se disolviera en la fotografía, en el cine y en la televisión...

La inscripción de las imágenes en las representaciones, este procedimiento mnemónico de la razón, ha sido siempre más urgente, en términos existenciales y políticos, que la biografía y que el estilo del artista o de la máquina de representación. Interrumpir el flujo del tiempo, separarlo del espacio, aún haciéndolo en la forma ilusoria de una imagen, es lo que toda verdadera representación ha intentado siempre alcanzar, de la manera más directa e intocada posible. Cuando Roland Barthes se refirió al noema de la fotografía como a un "esto ha sido", dio con una explicación incisiva de la verdadera diana estratégica de la representación. Si cruzamos esta teoría con la noción de "reproductibilidad técnica de la obra de arte", propuesta por Walter Benjamin, tendremos ante nuestros ojos el cuadro de la crisis de representación que condujo la pintura del siglo 20 a un enorme arco de desfiguración analítica, poética y, finalmente, neurótica de las imágenes.

Socialmente abandonada, en crisis, la pintura y el arte moderno en general, se vieron encorsetados entre el llamamiento de la abstracción (léase, la representación de la abstracción como proceso de "investigación estética" y diseño) y el deber de erigir una máquina crítica (fenomenológica y meta-artística) a partir de su propia desgracia. La tendencia a la abstracción y al diseño no pudo alejar nunca la metafísica demiúrgica, la ingenuidad teorética e incluso la ambición conceptual. Las aporías irremediables de esta rama de la dispersión moderna nacen, todas ellas, de la imposibilidad de simbolizar la realidad consistente de la propia des-simbolización del mundo, inaugurada por el triunfo del capital, de la ciencia y de la tecnología. La única salida (y exilio) ante esta trampa histórica se consolidó, con esfuerzo, como crítica de arte, como meta-arte y como arte teórica. Es decir, como "no-Pintura".

No obstante, a medio camino del proceso de desfiguración, comenzada en el póst-impresionismo, cuando la secesión vienesa, el Arte se dio cuenta tímidamente de su desesperada libertad, entendiéndola no como la condición histórica exclusiva de su praxis, sino como una condición más general del individuo urbano, anónimo y "sin cualidades". Entre la libertad individual y la necesidad protestante del mundo capitalista, sobraba una piel asustada e indefensa, al borde, o de un ataque de nervios o de un breve ataque de felicidad. Fue precisamente en este intersticio donde el dibujo y la pintura se metieron, excavando, por así decirlo, los fundamentos de una nueva subjetividad realista. De esta nueva pintura nadie espera verdades institucionales, nadie espera ninguna verdad ideológica, nadie acepta sistemas de autoridad. Todos esperan, sin embargo, la intimidad de una experiencia estética genuina. La esperan, podemos decirlo, como testigo del presentimiento todavía vivo en cada uno de nosotros, de que a pesar de la racionalización hegemónica del mundo, sigue habiendo un cuerpo de sensaciones capaz de vibrar con el pequeño aleteo del lejano colibrí.

La obra de T. Behrens pertenece a esta segunda categoría de la crisis cultural del siglo XX. Podemos, así, mirar su pintura como un caso irresistible de experiencia estética, proveniente sobre todo del desprendimiento completo de sus imágenes. Las constantes, a las que podemos llamar teatrales, de sus composiciones, dan lugar al universo coherente de su obra, y por otro lado, la conectan genéticamente a los "existencialistas" ingleses congregados después de la masacre de 39-45, en el The Colony Room Club. La presencia típicamente fenomenológica de la "carne", como momento de destaque de la representación dramática del cuerpo humano (los hombres de Bacon, los hombres y las mujeres de Lucian Freud y T. Behrens), la teatralización de la pose pictórica (en la que transparecen frecuentemente las tipologías representacionales de la fotografía aficionada), la insistencia simbólica de los perros, como contrapunto cínico a los excesos de antropocentrismo cultural tan característico en el hombre-masa, marcan todo un estilo de crítica a las superestructuras sofisticadas de la "alta cultura", y la hipostasación del derecho a la marginalidad urbana como prueba y motor de la propia expansión de las libertades públicas, sin las cuales todos tendemos a ceder ante la indemostrada necesidad absoluta del trabajo, la indemostrada necesidad absoluta de la exploración y la indemostrada necesidad absoluta del poder.

¿Dónde está verdaderamente la felicidad? preguntamos ante cada sobresalto de la vida. A la vuelta de la esquina, observando un perro durmiendo tranquilamente al sol, es lo que parecen responder los cuadros de T. Behrens; apadrinando sinceramente el entusiasmo y la ilusión de un niño el día de la primera comunión; contemplando la desnudez tranquila de la amante todavía envuelta en un sueño que resiste a la luz de la mañana y al trinar de un gorrión que no se cansa de proclamar su virilidad; en una tarde de primavera, pintando de rojo carmín un banco de jardín, junto a los rosales blancos que se abren produciendo sorpresa y gratitud; en definitiva, en la variedad de pequeñas cosas a las que no damos la menor importancia, pero que los 'cuadros vivos' de Behrens hacen regresar a la mundivisión de cada uno de nosotros como pruebas de vida, rodeadas de ocurrencias, de curiosidades, de memorias y de fantasmas.

Dada a su estructura fotográfica, el impacto de estas pinturas se vuelve ineludible. Escapando al momento concretamente epistemológico del noema barthesiano, las imágenes de esta especie de realismo existencialista nos convencen, sin embargo, a través de una sucesión de planos de proximidad: la proximidad de la especie, la proximidad del cotidiano invisible, la proximidad de la vida, la proximidad de la muerte.

El hecho de que los mundos recreados en la pintura de T. Behrens ejerzan sobre nosotros una atracción irresistible, se debe también, por un lado, a la característica episódica, pero muy detallada, de los temas tratados –chica desnuda, tumbada en un sofá, leyendo una revista, en un día de verano, viéndose a través de la ventana una playa y varios bañistas; hombres, mujeres y perros charlando en un jardín; mujer desnuda durmiendo una siesta, etc.–, y por otro, a los aspectos conceptuales y sensoriales del estilo: juegos de perspectiva y color. Personas y perros habitan una y otra vez los escenarios interiores y exteriores de su pintura. Son escenas de la vida cotidiana, sin pose y sin dramatismo. En cierto sentido podemos decir que nacen a imagen y semejanza de las fotografías de fin de semana. Pero en la distancia que las separa del mundo peculiar del realismo kodak, aquellas representaciones de la vida llegan hasta nosotros como el resultado sensible de un ir y venir perpetuo entre la memoria y la imaginación, entre la certeza y la poesía, entre la representación y el gesto, entre el día de hoy y el día de mañana. ¡Son la biografía del pintor y son la biografía de todos nosotros!

Una cita con T. Behrens

1. A. Cerveira Pinto (ACP) – ¿Qué significa para ti esta lista?

ESCUELA DE ARTISTAS LONDINENSES

Michael Andrews (1928-1995)
Frank Auerbach (1931)
Francis Bacon (1909-1992)
Lucian Freud (1922)
R. B. Kitaj (1932)
Leon Kossoff (1926)

T. Behrens (TB) – Significa amigos con los que ya no estoy nunca. Mike y Francis han muerto, a Kitaj no he llegado a conocerle, no sé por qué, pues teníamos un buen amigo en común, el dramaturgo y poeta Harry Tierney. Creo que Kitaj no iba al Colony Room, por lo menos nunca coincidí con él allí. Leon Kossoff tampoco aparecía mucho por allí.

2. ACP – Cita:
"...Muchos de ellos frecuentaron el The Colony Room y esto hizo con que surgiera el movimiento "The Colony Room School". Este ha sido el tema de la obra "School of London" de Kitaj; el núcleo de esta escuela está compuesto por un grupo de amigos y contemporaneos: Francis Bacon, Frank Auerbach, Lucian Freud, Michael Andrews. Una pintura de este último, The Colony Room I de 1962, presenta al menos a dos de los pintores en su ambiente: Freud aparece descentrado mirando hacia otro lado, y Bacon está sentado a su izquierda, con Muriel Belcher en un taburete entre los dos..."

en
John Deakin: Photographs
Selected & essay by Robin Muir
The Vendome Press, New York, 1996

ACP – ¿Te han pintado en este cuadro? ¿Qué ha significado el Colony Room para ti y para tu actividad artística?

TB – No. Recuerdo haberme sentido ofendido cuando Mike no me incluyó. Le pregunté por qué, y su respuesta fue típicamente inteligente. Estaba pintando el retrato de la colección Thyssen a la vez. Dijo que inicialmente había considerado incluirme entre los personajes, pero cambió de opinión porque pensó que, al hacerlo, desviaría o diluiría la energía emocional que necesitaba en el retrato. Yo podía fácilmente identificarme con ese tipo de cosa y me sentí avergonzado por el infantilismo de mi reacción inicial.

Robin Muir dice que al menos dos del grupo de amigos están representados en el cuadro, refiriéndose a Lucian y a Francis. Sin embargo, el propio Mike me dijo que su intención era que la figura rolliza sentada fuera una mezcla ambigua entre Francis y Dan Farson, otro habitué y amigo, que escribió una biografía de Francis después de su muerte, un tanto de cotilleo pero con cariño y valentía.

3. ACP – Cita:
Ron B. Kitaj se refirió por primera vez a la *School of London* en una introducción al catálogo de la exposición titulada *The Human Clay*, en la Hayward Gallery en 1976. Kitaj se dio cuenta de que "mientras la abstracción, las acciones y las transfomaciones triunfaban, se estaba dando una tendencia especial hacia la pintura figurativa así como una especie de obsesión por la figura humana, entre la mayoría de los pintores londineneses."

ACP – Esta descripción podría también aplicarse a tu trabajo artístico...¿No te parece?

TB – No estoy de acuerdo con Kitaj. La tendencia figurativa, la obsesión por la figura humana, decididamente, no era compartida por "la mayoría" de los pintores londinenses. Estaban los pintores figurativos tradicionales y poco interesantes, que se comportaban como si París no hubiera existido nunca, pero supongo que no hablaba de ellos. La gran mayoría de pintores ambiciosos, "buenos" o "reales" eran abstractos. Es una tentación decir que los pintores de la llamada escuela de Londres se constituían como una rebelión heroica y desafiante en contra de la abstracción. Sin embargo, hablando en mi nombre, si es que me puedo incluir en el grupo, no hubo nunca opción. Yo no entendía la pintura abstracta. Parecía muy limitada. Después de todo, los pintores figurativos también trabajan la abstracción. La excitación, el desafío reside en dar sentido a la abstracción, por una parte, y a la representación, por otra.

4. ACP – Cita:
"Cada uno de estos pintores 'inculcó un estilo personal en sus trabajos diseccionando la realidad y la actitud morfológica de los modelos, expresionista y violenta para Auerbach, impregnada de sueño y misterio para Andrews, colorida y gráfica para Kitaj, mientras que a Kossof parecen atraerle materiales espesos. Francis Bacon... se preocupaba más por la condición humana y usaba la burla para pintar figuras humanas siempre distorsionadas, de modo a expresar angustia y soledad. En contraposición a la desnudez del alma de Bacon, Lucian Freud parece fascinado por la

desnudez de los cuerpos y prueba ser un maestro en la expresión de la intimidad pura y sin restricciones. (Ron B. Kitaj)

ACP – ¿Podríamos hablar de la especificidad de tus pinturas, dentro de la conyuntura estética definida por Kitaj, como algo menos afinado, menos analítico, menos expresionista, menos preocupado por la morfología,...y más holístico, más poético y más des-dramatizado, siendo, sin embargo, un acercamiento muy personal al realismo subjetivo?

TB – Veo muy difícil, si no imposible, ver mi trabajo objetivamente comparado con el de otros pintores. Pinto del modo que lo hago porque me parece el camino más directo y lógico para comunicar mi "set" personal de preferencias visuales. Sé que realmente no he contestado a tu pregunta, lo intentaré de otro modo. Usas la palabra "poético", y yo no puedo entenderla en relación a la pintura. Yo quiero pintar pictóricamente, no poéticamente. Es por ello por lo que escribo poesía, para explorar ese otro lado de mí mismo. Sin embargo, me han acusado recientemente de pintar relatos cortos.

5. ACP – Cita:
"No me queda claro por qué acepto comprar cuadros para el Arts Council. Debería haberme quedado en la cama como Oblomov. Sea como sea, los contratiempos no echaron atrás lo que se ha convertido en una labor de amor y me alegro de haberlo hecho. Les dije que sólo compraría cuadros que representaran personas..."* [Ron B. Kitaj]

ACP - ¿Cuál es la importancia de un escultor como Henry Moore y sus dibujos sobre la guerra como fuente de inspiración para una generación para la cual gran parte del optimismo modernista había desaparecido con los vientos de muerte de dos guerras mundiales y varios millones de víctimas?

TB – Henry Moore fue el artista moderno inglés por excelencia para mi generación de estudiantes. Un día me vi en un salón en Hampstead con Nick Garland, Francis Morland y Eduardo Paolozzi. Paolozzi cogió el teléfono y dijo con su acento escocés: "Hullo Henry". Sonó un poco aprehensivo, pero a Nick y a mí, ambos con 18 años, nos impresionó que él tratara por el nombre de pila al más grande de los hombres.

Más tarde, hubo una reacción generalizada y bastante violenta en contra de Moore. No podré nunca entender el impulso a echar por tierra a personas que son genuinamente grandiosas y que han obtenido la fama por su mérito y no por la ambición. Ahora también está de moda denigrar a Bacon.

Acabo de terminar una pintura, parcialmente basada en una fotografía de Alfonso, en la que aparecen personas durmiendo en el metro de Madrid durante la Guerra Civil. Sólo ahora, al responder a tu pregunta, me he dado cuenta que debo esa imagen a Henry Moore y a su famosa serie de dibujos de la versión londinense del mismo tema.

6. ACP – Cita:
"La figura humana chamuscada es una gran cosa a dibujar. Parece casi imposible hacerlo tan bien como lo hicieron cerca de media docena de artistas del pasado. Estoy hablando de pericia e imaginación. Es, a mi modo de ver y de acuerdo con mi experiencia, la cosa más difícil de hacer realmente bien en el arte."(Ron B. Kitaj)

ACP – Las pinturas de paisajes y los retratos son una corriente muy conocida en el arte británico, y me imagino que la llamada Escuela de Londres, estaría impresionada con artistas tan poderosos como Constable, Turner, Gainsborough, Reynolds, John Sargent, William Blake y Whistler. En tiempos de engaño, en que se requería una nueva atención al cuerpo y al alma humanos, pero también al valioso ambiente de la vida, la fotografía (ahora bajo el control de la era de la información), probablemente no parecía suficiente para tu generación. La pintura tenía, por así decirlo, una nueva oportunidad para probar su inocencia e ingenio. ¿Es ésta una valoración acertada?¿Qué se decía por aquel entonces del futuro del arte?¿Había algun sentido de futuro en vuestra percepción de la evolución de la cultura contemporánea?¿O se trataba sólo de manejar el presente...y la pintura?

TB – Odio la denominación Escuela de Londres. No culpabilizo a Kitaj por su creación, porque si no lo hubiera hecho él, lo hubiese hecho otro. Sin embargo, me cuesta pronunciar esas palabras.

Constable fue el único pintor inglés de los que has nombrado influyente en la época –y sólo para Lucian, creo yo. Era poco común oír a la gente mencionar pintores ingleses del pasado, y tampoco yo estaba interesado en ello. Lucian tenía una obsesión por Rembrandt y Francis por Velázquez. El escenario para la pintura de Mike, The Deer Park, también tiene su origen en Velázquez. Yo pasé años estudiando a Breughel, Vermeer, Goya, Michelangelo, Courbet, Delacroix...

Soy un pintor de personas. En ocasiones hago pinturas inhabitadas, pero si no contienen rasgos humanos –una cama deshecha o un interior– no tengo el entusismo necesario para terminarlas. He hecho paisajes, especialmente cuando era joven, pero nunca me han parecido gran cosa.

"¿Qué se decía aquellos días sobre el futuro del arte?" En el Soho había muy pocos sitios donde tomar algo por las tardes. El Colony Room evidentemente era uno de ellos, pero también había un bar al lado llamado el Club des Caves de France. Era un sitio más "duro", con una atmósfera más heterosexual. Muriel Belcher era bastante estricta en relación al comportamiento pendenciero, y las personas más embriagadas, que no siempre eran bienvenidos al Colony, eran toleradas en las Caves. Uno de ellos era Roger Hilton, un pintor abstracto pionero de la generación de mis padres. Un día, prácticamente destrozado por el cansancio y el *whiskey*, me susurró al oído: "Chico, el futuro es vuestro". No se refería a nuestras respectivas edades. Quiso decir que pensaba que la pintura abstracta había terminado. Esto era estimulante, viniendo del mismo cuartel general del enemigo teórico, pues nosotros éramos marginales, diga lo que diga Kitaj. Las pinturas de los últimos años de Hilton fueron desnudos bailando.

Escribir la anécdota anterior me sugiere una respuesta al resto de tu pregunta. Las personas como Roger Hilton pertenecieron a un "ismo" u otro. Estaban concienciados políticamente y pensaban sobre el futuro del arte, pensaban que el arte tenía un futuro predecible. Nosotros –la Colony Room School o la Beaux Arts Gallery School, para evitar de una vez aquella expresión pretenciosa– éramos anti-políticos, anti-escuela, de hecho. Había en el aire un sentimiento de desdén aristocrático respecto a expresiones como "el futuro del arte". Un dandismo también. Bacon se parecía en algo a Oscar Wilde y Lucian quizá a Baudelaire.

7. ACP – Tengo entendido que has sido totalmente borrado (o auto-borrado...) de la llamada Escuela de Londres, con la excepción de dos retratos donde somos testigos de tu asociación temprana al núcleo del Colony Room Group: 1) *Lunch at Wheeler's*, una fotografía, producida como un *tableau vivant*, hecha en 1962 por John Deakin, y 2) un retrato tuyo hecho por el pintor Michael Andrews, que pertenece a la colección Thyssen-Bornemisza (ahora en Madrid). ¿Qué fue realmente lo que ocurrió en la época a tu relación con la futura School of London?

TB – Lo que pasó fue que la Beaux Arts Gallery cerró, mi amistad con Lucian se disolvió y yo dejé el país. Fue como el final de un capítulo. Tú dices que yo he sido "borrado (o auto-borrado)" de la Escuela de Londres. Yo creo que fui más bien un desertor, y los desertores no son fácilmente perdonados.

8. ACP – Has estado trabajando mucho en la última década. ¿Podrías contarnos algo más sobre este trabajo silencioso?

TB – Siempre he trabajado mucho. Lo que pasa es que últimamente parece que estoy produciendo más cuadros. No creo que pueda decirte mucho sobre lo que amablemente llamas "este trabajo silencioso". Espero que hable por sí mismo, es decir, en silencio.

9. ACP – Lucian Freud y Frank Auerbach nacieron en Berlín, Bacon era irlandés de Dublin, Kitaj era natural de Cleveland, Ohio. ¿Y tú? Esta llamada Escuela de Londres, y sus relaciones con la tradición de pintura realista británica puede, de hecho, tener un trasfondo cultural más diversificado. ¿No lo crees?

TB – Es cierto que la Escuela de Londres incluye a pocos verdaderos londinenses, pero también la Escuela de Paris tenía pocos parisinos. Picasso hablaba francés con un acento andaluz atroz, Matisse era de la frontera belga, Modigliani era un judío italiano, Chagall y Soutine judíos rusos...

Lucian nació en Viena, Frank en Berlín, Paula Rego en Lisboa, Bacon en Dublin, Mike en Norwich. Craigie Aitchison nació en Edimburgo. Mucho más que el hecho de que nadie hable sobre mí, me sorprende que nadie hable de Craigie en el contexto de la Escuela de Londres. Craigie ha vivido y trabajado en Londres durante 50 años. Es uno de los 4 o 5 pintores ingleses más conocidos, tanto para el público general como para los especialistas. Era un amigo íntimo de Mike Andrews y de Euan Uglow. Su trabajo encaja perfectamente en el estilo diferenciado del dicho grupo. Quizá aún más importante es el hecho de que era el preferido de Helen Lessore. Sin embargo, nadie fuera de Inglaterra ha oído hablar de él.

Yo he nacido en Londres, pero mis antepasados más próximos eran judíos de Hamburgo. Había mucha sangre judía en mi círculo de amigos de Londres: Frank, Lucian, Kossoff, Helen Lessore. Kitaj también es judío. Frank Auerbach, me dijo Lucian un día con la sensación de haber hecho un gran descubrimiento, viene de una larga línea de rabinos.

10. ACP – La mayoría de los trabajos que vamos a ver en tu primera retrospectiva ha sido realizado en España en las últimas dos décadas. Antes de este período, has estado en Italia. ¿Cómo ves la relación de tu arte, hecho fuera del ambiente del Colony Room, con la llamada Escuela de Londres? A mí me parece que sigue habiendo una conexión muy fuerte con los principios que hicieron de Lunch at Wheeler's el vértice de una decisiva de-construcción de la tendencia modernista a la abstracción...

TB – Yo mismo me interrogo sobre esto. Decidi vivir en España y no en Inglaterra, rodeado de españoles y no de ingleses. He vivido aquí más tiempo que en ningún otro sitio, y mi hijo pequeño creció español. La pintura es un medio de comunicación. Si se puede decir que los pintores pintan "para" alguien, a mí me gustaría pintar para las personas que veo todos los días, y son españoles. Por decirlo de otro modo, soy consciente de una gran deuda a los españoles, y me gustaría retribuir en mi propia y acuñada moneda de cambio, la pintura. Sin embargo, uno no puede denegar o escapar de la enormísima herencia de los años de formación, digamos, hasta los 25. El otro día le pregunté a un amigo: "¿Crees que pinto igual que hablo, es decir, con acento inglés?". Me alegré cuando, después de unos minutos de reflexión, me contestó que no. Pero el modo como planteas tu pregunta sugiere que no estás de acuerdo.

T. Behrens por T. Behrens

Tim Behrens

La decisión de escribir esta pieza en castellano, no en inglés, me ha enseñado una forma de comenzarla. No tengo ningun recuerdo de pequeño de haber pintado o dibujado, pero sí me acuerdo de mis primeras clases de latín. Me mandaron –no sé el motivo, pues sólo tenía cinco años– a una profesora particular, una tal Miss Wheatfield. El concepto de un idioma en el que se conjuguen los verbos y que los objetos tengan género me divertía mucho, y por eso aprendía con rapidez. A partir de entonces, el latín (más tarde también el francés y el griego), fueron siempre mis asignaturas preferidas en el colegio. Ahora me parece que hasta descubrir el concepto del arte, los idiomas me servían de tubo de escape creativo. Y ahora escribo en castellano de preferencia, por recuerdo a la infancia.

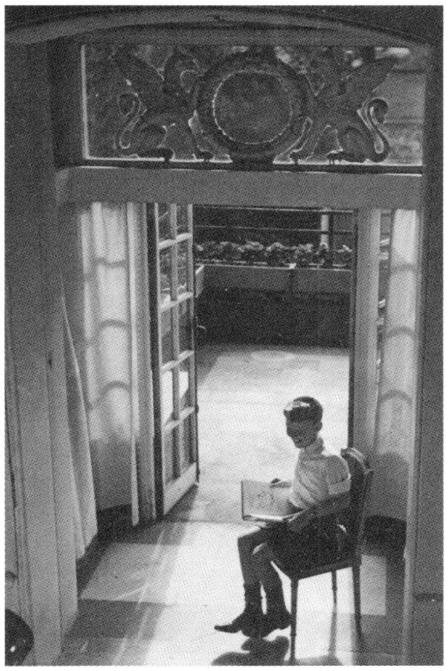

1

Después de la guerra, cuando yo tenía nueve o diez años, mi padre empezó a coleccionar pintura y yo a pintar. Pero como siempre nos llevamos mal, me costó medio siglo reconocer la conexión obvia entre los dos principios

No me interesaba dibujar. Pintaba torpemente con pinceladas impulsivas, algo brutales. Admiraba a Matthew Smith, un gran pintor inglés, con cuya obra me podía identificar por sus colores fuertes y su aparente desprecio al dibujo clásico. Mi padre tenía varios cuadros suyos.

Mi madre estaba orgullosa de mi pintura. Un día, estando yo en el internado, visitó nuestra casa Matthew Smith. Mi madre se atrevió a enseñarle mis óleos. Hombre de pocas palabras, los miró un rato y dijo:"Debe seguir."

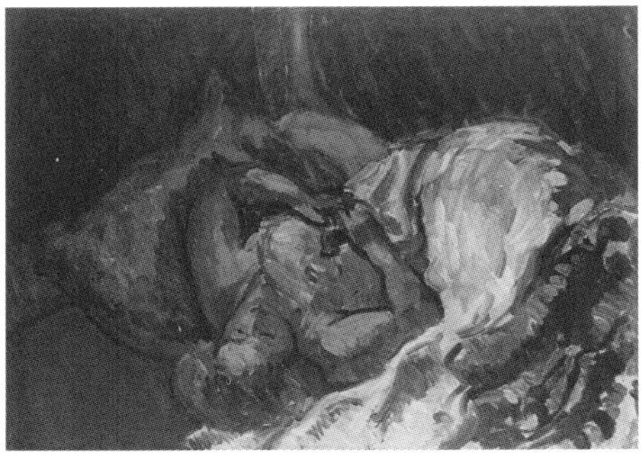
2

Teníamos un amigo pintor llamado Bateson Mason. Aunque me gustaba mucho su obra, lo quería como persona y como ejemplo. El era un bohemio, el único que conocíamos. Tenía poco dinero y no le importaba. Mi madre coleccionaba su pintura. Mi padre, en cambio, me comentó de él en una ocasión: "No tiene nada que decir, pero lo dice muy bien." A mí, adolescente ya, este comentario desfavorable me pareció motivado por celos de la relación entre mi madre y el pintor. Decidí, injustamente, que mi padre era mal juez de la pintura. También decidí ser pintor, es decir, un hombre como Mason.

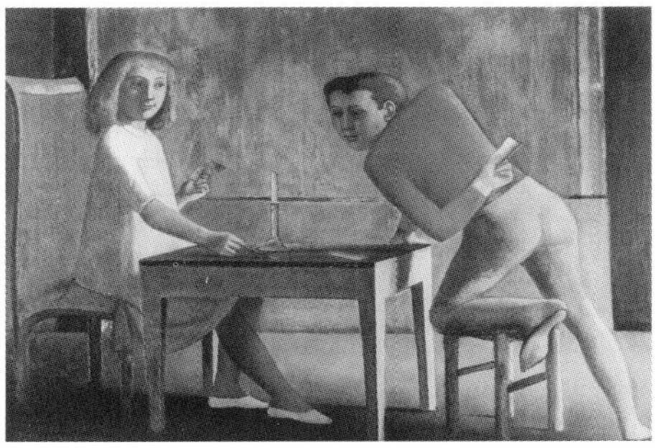
3

En las vacaciones, los sábados por la mañana, mi padre me llevaba a las galerías de arte del West End Londinense. Entonces se podían ver expuestos y a la venta cuadros no sólo de la escuela de París –Braque, Juan Gris, Miró, etc.-sino también de los impresionistas y de la escuela de Barbizón; a principio de los 50 Londres estaba bajo el dominio casi total de París. Mi padre compró, entre otros, un Corot tardío, un Forain y el Balthus titulado *La Partida de Naipes*. Este último cuadro sería otra de mis influencias.

En el internado seguía pintando cuando podía. Era un colegio de más de mil alumnos, de los cuales pintaban regularmente menos de 20. Así la pintura era una actividad marginal, y la pintura "moderna"como pretendía hacer yo, hasta irrisible. Había un profesor, sin embargo, que me trataba muy bien. Gracias a él ganaba a veces el premio anual de pintura.

Mason, el pintor bohemio amigo de la familia, raramente pintaba la figura humana. Sus cuadros eran paisajes con elementos arquitectónicos. Yo me refugiaba en su ejemplo para ocultar mi miedo a la figura, pero sabía inconscientemente que tal situación no podría durar para siempre. Mientras tanto seguía con óleos de gran formato de muelles, fábricas o estaciones de trenes que había esbozado durante las vacaciones.

Con 16 estaba harto del internado. Desafiando a mi padre, que quería que siguiera con lenguas clásicas en la universidad, llevé mis últimas pinturas a una escuela de Bellas Artes de Londres. Sorprendentemente (no era temporada adecuada para inscribirse) me aceptaron. Iba a ser el estudiante mas joven de la famosa Slade School of Fine Arts.

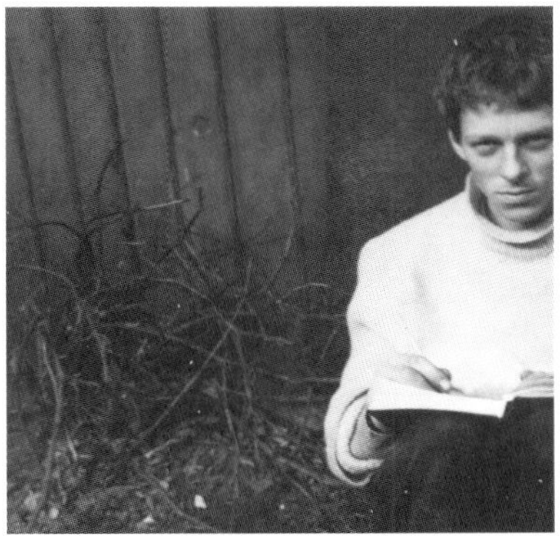

4

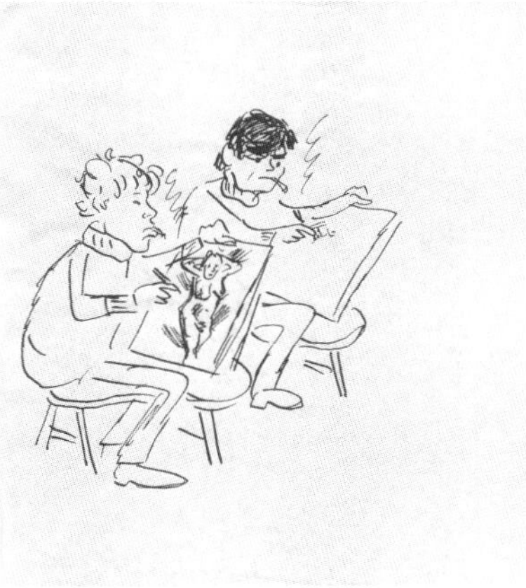

5

Los recién llegados teníamos que dibujar sin pausa vaciados de yeso, lo que no es exactamente figura humana sino una representación de ella. Fue un semestre duro y aburrido y aprobé con apuros. Pero al menos había progresado en pequeñas etapas hacia el exorcismo de mi pesadilla, la figura, sin la presencia perturbadora de carne y hueso

Históricamente la Slade era considerada el cuartel general del dibujo, particularmente del desnudo académico, pero estaba en un momento de transición. Su director, William Coldstream, era un hombre prudentemente progresista. De sus estudiantes estrella pocos continuaban con la línea tradicional y algunos hacían abstractismo puro. Aceptábamos ya, que para ser alguien en el mundo de la pintura, tendríamos que alcanzar un estilo personal inconfundible a base de un aprendizaje académico. Nunca dominé el sistema del dibujo; modelado aproximadamente en Cézanne, reinante en la Slade; pero si iba perdiendo el miedo a la figura.

Durante el verano fuimos un amigo y yo en autostop a Italia. Estábamos investigando la obligatoria composición con figuras, que entregaríamos en el certamen de otoño. Me maravillé con la flagelación de Piero della Francesca. En Venecia esbocé en mi bloc un grupo de hombres que jugaban a las cartas en un bar. A la vuelta usé el boceto como punto de partida de mi composición para el certamen.

Pinté el cuadro en el patio de la casa de mis padres, con discos de 78 de un concierto de Bach en el gramófono. Me acuerdo de que estaba eufórico, era consciente por primera vez de un germen de la potencia creativa. El cuadro no salió como yo había querido al principio, como un pastiche de Piero. Salió mío.

Mi cuadro ganó el tercer premio pero también me trajo algo más valioso. Ya en el segundo curso nos dejaron pintar temas libres en los pasillos. Mientras estaba trabajando allí un día se acercó a mí un profesor visitante, Lucian Freud. Después de decirme que le había gustado mi cuadro, me pidió que posara para un retrato. Muy honrado le contesté que sí, por supuesto.

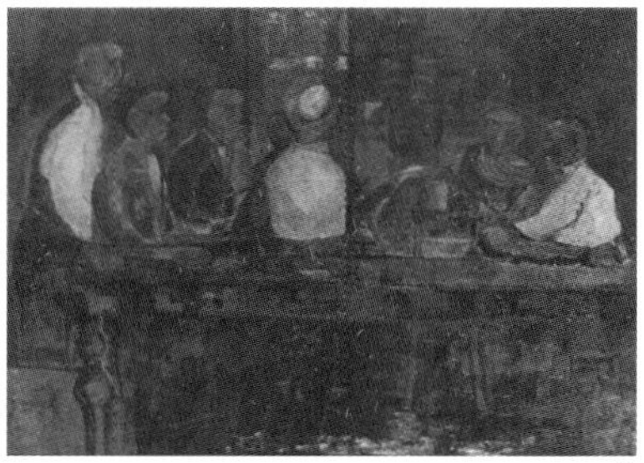
6

Lucian, el más joven de los profesores, era también a la vez el mas admirado y el mas criticado por nosotros. Con 33 años tenía fama de jugador y mujeriego; aparecía a veces en la prensa rosa; 2 cuadros suyos estaban en la Tate.

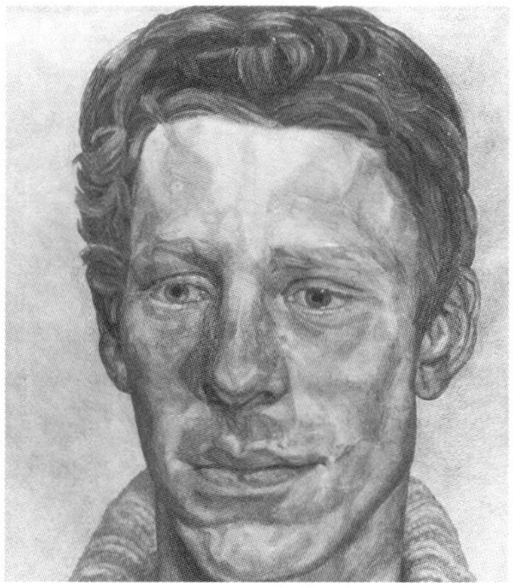
7

Él se convirtió en una de las influencias formativas fundamentales de mi vida, al igual que mis padres y Mason. Durante 8 años nos veíamos casi todos los días, no solo como pintor y modelo sino como amigos íntimos fuera del estudio: ahora supongo que él necesitaba tanto proteger como yo ser protegido.

Iba de copas con Lucian en el Soho, que, para muchos artistas de aquella época, era más bien una escuela de ideas que el barrio de putas y borrachos que parecía al mundo exterior. Allí aprendí más que en la Slade lo que significa ser artista.

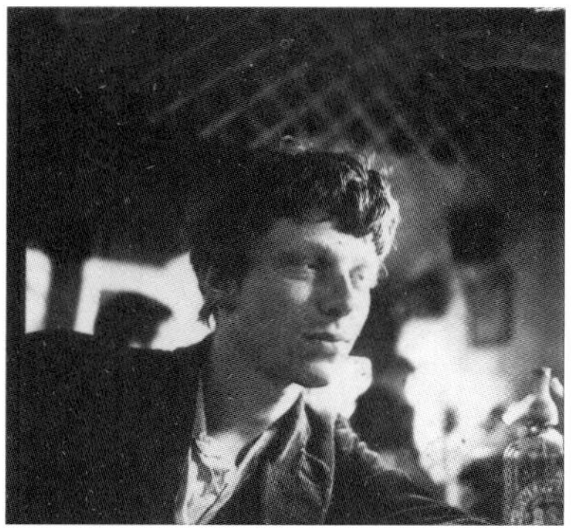
8

Michael Andrews había terminado sus estudios en la Slade el año anterior a mi llegada, pero la gente aún hablaba de él como de un prodigio. Me lo presentó Lucian en el Soho, y en seguida hicimos amistad. Nuestra relación era mas igualada que la que tenía con Lucian, en parte porque Mike me llevaba menos años.

Decidimos retratarnos el uno al otro. El vivía entonces a unos 7 minutos andando de mi estudio.

Durante una temporada compartimos las mañanas. Primero posaba el y pintaba yo un par de horas. Luego el paseito y viceversa.

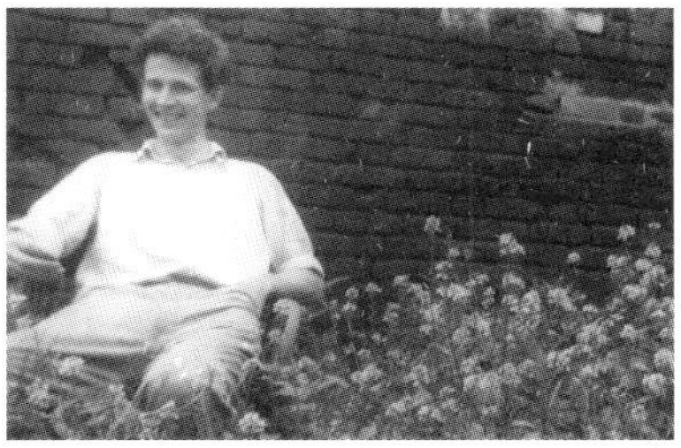

9

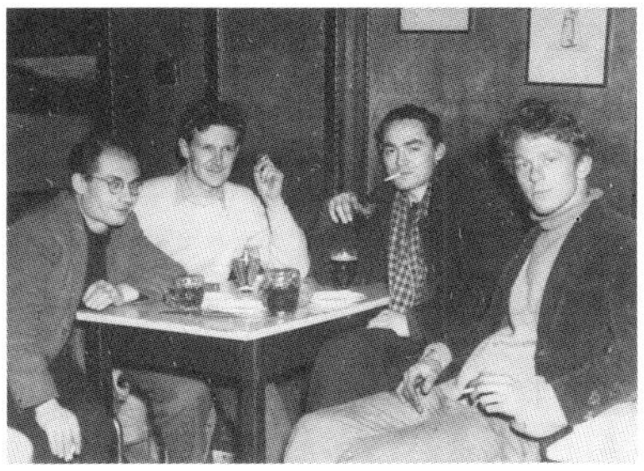

10

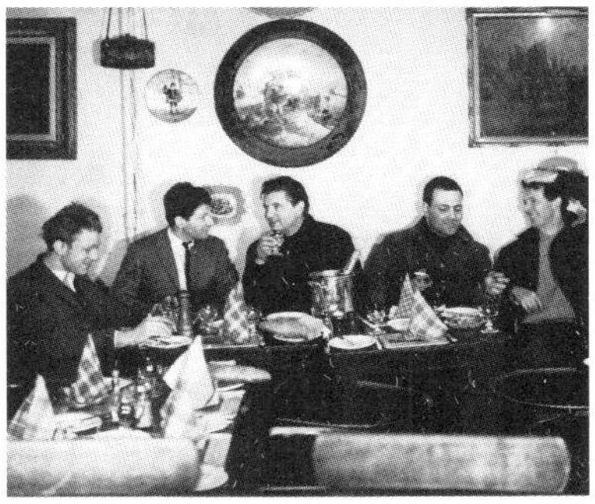

De izquierda a derecha: Timothy Behrens, Lucian Freud, Francis Bacon, Frank Auerbach e Michael Andrews en el restaurante Wheeler's, Londres, 1962
Fotografía John Deakin. Legado de Francis Bacon. Cortesía Faggionato Fine Art, Londres

11

Mike estaba en un momento de evolución creativa de cambios rápidos. Era un intelectual que cuestionaba todo, un pintor pensador. Cauteloso, casi neurótico, era capaz de vigilar al cuadro durante una hora, como el gato al ratón, esperando el momento justo para lanzarse. Como yo nunca había estado en contacto con semejante seriedad, vivía con la ilusión de que me contagiara.

Me marché de la Slade con diploma pero sin brillo. En mis 4 años allí había trabajado menos que en ningún otro periodo comparable, después o antes, y uno sólo aprende trabajando. Por otro lado hice dos amistades que perduran hasta ahora, con el pintor Craigie Aitchison y el caricaturista Nicholas Garland. Y bastantes cuadros de mis colegas me quedan en la memoria; gente como David Storey, Tyzack, Paula Rego, Margaret Evans, Elliot, Norris, Anne Norman, Barry Hirst...

Nada más en la vida real, la adulta, me cambió todo. Empecé a pintar con más fuerza. Me casé. Emprendí una larga serie de cuadros de mi entorno familiar, desnudos y retratos de amigos.
Era una pintura dura como la de mi infancia pero con la figura. Lucian que siempre me animaba a tope, me presentó a Helen Lessore, la directora de la Beaux Arts Gallery. Auerbach y Bacon, compañeros de copas del Soho ya habían expuesto allí, Aitchison y Andrews también.

Tuve la primera de mis 3 exposiciones individuales en la Beaux Arts en 1959. Era entonces la única galería "seria" de Londres especializada en pintura figurativa. Muy seria, como su directora, la incorruptible, la defensora del artista y verdugo del cliente adinerado.

Aunque Lucian era amigo de Helen, nunca expuso en su galería. Ella, atípicamente, se dejó engañar por los cotilleos sobre su vida privada hasta percibir una correspondiente frivolidad en su pintura. Pero Lucian era capaz de currelar unas 18 horas diarias. Era lo bastante ambicioso para emular a Rembrandt y tan modesto que se desesperaba al hacerlo. Quería que la intensidad de sus esfuerzos compensara lo que el mismo llamaba falta de talento natural.

Me asombraba su energía, tanto física como mental. Después de tantas horas de trabajo aún tenía tiempo para divertirse, incluso tiempo para perder. Me enseño lo que era el tiempo, en realidad, pero nunca de forma doctrinaria. El no se daba cuenta, me parece, de cuanto dependí de su postura vital: una mezcla de autodisciplina severa y un desdén aristocrático por lo que opinaba la gente de su comportamiento.

Yo pretendía evitar a toda costa que mi pintura diera señales de influencias ajenas. De joven estaba inseguro, tanto como pintor que como persona, y por eso pintaba a gritos para que nadie lo notara.

Lucian era un pintor conocido. Yo pasaba la mayor parte de mi tiempo libre con él, o en el estudio mirándole pintar o en los bares del Soho escuchándole hablar con Bacon, por ejemplo, de pintura. Dentro de mi pequeña orbita todo el mundo lo sabía; por lo que yo tenía que demostrar que no era su seguidor ni mucho menos su esclavo.

Él propio era más humilde, a pesar de su potente personalidad. Después de cada sesión en el estudio me pedía consejo sobre lo que acababa de pintar y, aun más extraño, cambiaba algún trozo según mis sugerencias. Cuestión de sentido común pues

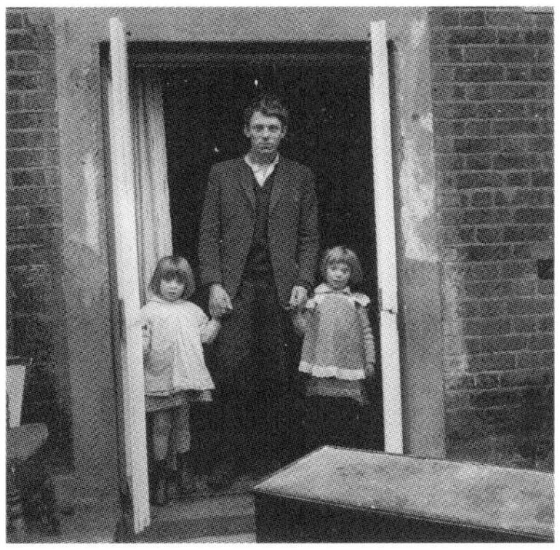

12

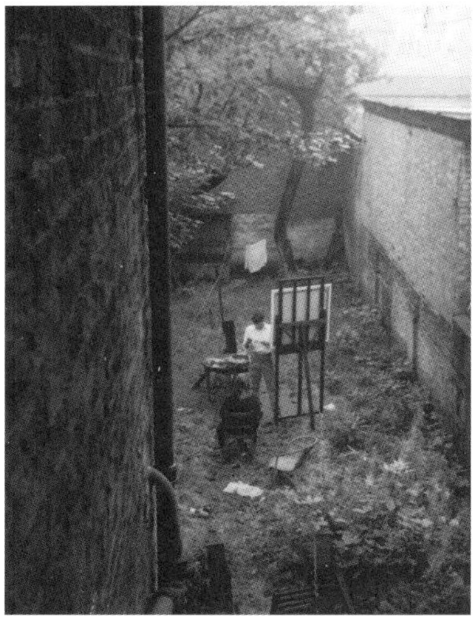

13

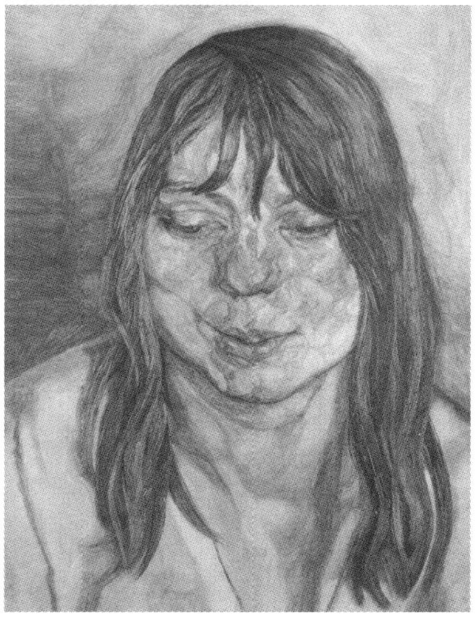

14

carecía del orgullo estúpido. Habiéndose ganado la independencia, estaba libre de centrarse en la labor de lograr un buen cuadro a través de las pistas que le diera la gana.

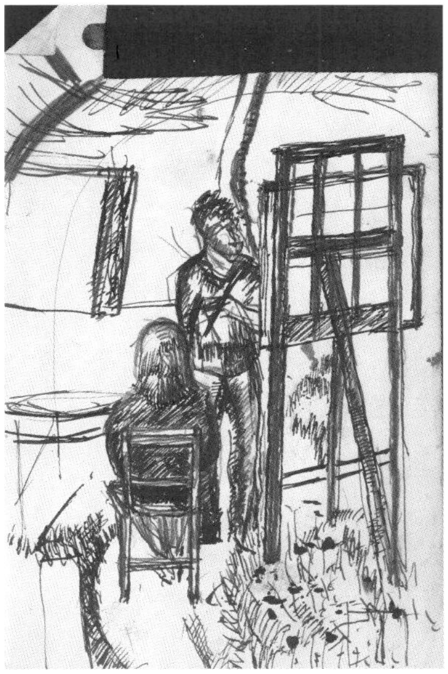

15

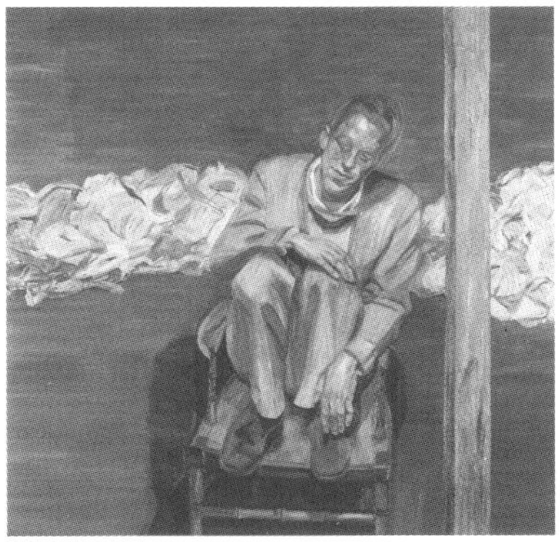

16

Alquilé una habitación en un ático en un edificio sórdido de Mornington Crescent, cerca de donde había vivido Rimbaud y Verlaine.
Ahora tenia a Frank Auerbach como vecino. Nos veíamos con cierta frecuencia en la calle y a veces nos visitábamos uno a otro. Yo lo admiraba mucho. En una ocasión estábamos en mi estudio ante un cuadro que me estaba dando problemas. Le pregunté si valdría la pena utilizar un truco técnico que tenía intención de estrenar. Me contestó "Vale cualquier cosa que esté hecha con amor"

Refrán que ilustra perfectamente el espíritu de la Beaux Arts Gallery (Frank salía a la calle con la cara ensangrentada porque se afeitaba con la misma pasión con la que pintaba). Yo con 24 años lo creía con toda mi alma y hasta ahora no me parece nada mal.

Me divorcie, me casé otra vez. Se cerró la Beaux Arts Gallery; Helen la mas inspirada galerista de su era, nunca fue tan buena negociante. Antes de la clausura consiguió situar a Frank y Leon Kossoff en la Marlborough. Yo también negocié un contrato con esa galería, pero por alguna razón u otra no lo logré.

En cierto sentido el fin de la Beaux Arts fue para mí un alivio. Mi obra había cambiado paulatinamente con los años hacia un estilo menos sufridor. Me sentía sofocado por la obligación, tácitamente fomentada por Helen, de santificarme.

Me dolió mucho más la ruptura de mi amistad con Lucian. Me había enseñado tanto más que nadie. Unos pocos ejemplos: la importancia de dar vida emocional a cada centímetro cuadrado del lienzo y del trabajo hasta los límites de la fuerza; la estrecha e inteligente compenetración de la vida del artista con su obra; el estudio constante de algunos maestros seleccionados del pasado... Ahora estaba solo. Tendría que crecer otra vez.

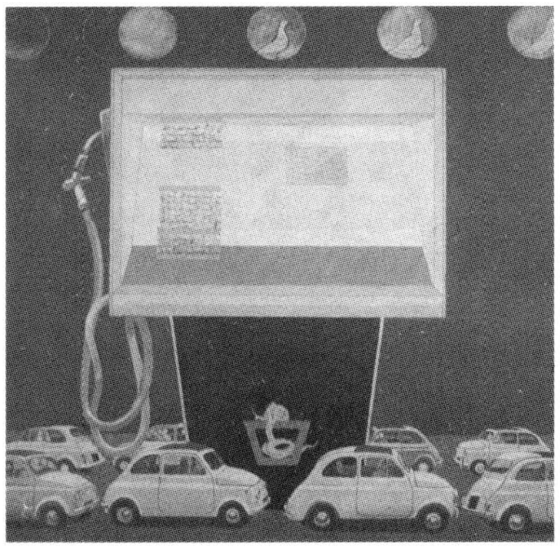

17

Lucian rechazaba con dureza el concepto de la pintura narrativa; a mí, me atraía. Para él el arte italiano, con la excepción del viejo Ticiano y Miguel Ángel, carecía de peligrosidad; yo veneraba a Giotto, Piero, Masaccio... Creo que mi decisión de trasladarme con mi familia a Italia no hubiese sido posible bajo su patrocinio.

Vendimos la casa y compramos una finca en el monte Toscano.
Aproveché este cambio radical para hacer otro, igual de radical, en mi obra. Pinturas industriales acrílicas en vez de óleo, temáticas oníricas tirando al surrealismo; de un lado la influencia de Duccio, que lo veía como el equivalente medieval de un director de cine, y del otro un archivo de la vida callejera moderna italiana. Todo pintado liso y plano sin pinceladas visibles.

El primer año me sentí muy aislado. Escribí con frecuencia a Mike, el único de mis amigos con las cualidades adecuadas para comprender la esquizofrenia creativa que estaba padeciendo, pero nunca me contestó. Al parecer también estaba en crisis, el también se había apartado del mundo. Según me dijo Craigie Aitchison, nuestro amigo común, Mike ya era un ermitaño. Acabamos todos aceptándolo, pero no sin perplejidad y tristeza al principio.

Creo que mi desviación estilística era fruto del deseo, que ahora me parece vergonzoso, el de ser un pintor más representativo de mis tiempos. Esas cosas adjudica sólo la Historia.

De todas formas decidí moverme. Me puse a exponer, sin éxito ninguno, en las grandes ciudades italianas.

Helen nos vino a visitar, prevenida de lo que podía esperarle sobre mi obra reciente. Siempre muy directa, me dijo: "Sabes, no me disgusta tanto como pensaba."

Pero esos años no fueron del todo negativos. Aunque no me guste mí pintura de entonces, quizás fue necesario hacerla. Dentro de cada artista está enterrada la solución de sus propias contradicciones y sólo la encontrará haciendo experimentos, arriesgándose.

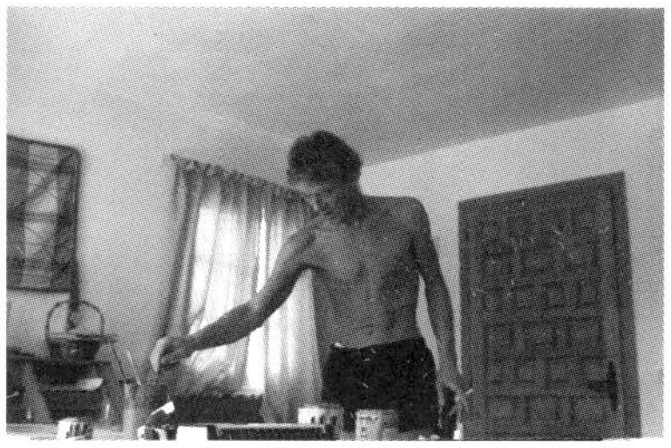
18

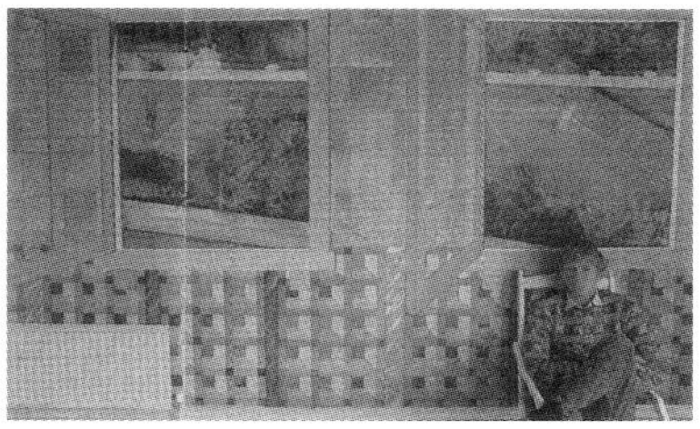
19

Clásico y romántico, Apolíneo y dionisiaco. A lo mejor nacemos todos con las dos tendencias; que más tarde domine una u otra depende del aprendizaje, el condicionamiento, el azar. Yo siempre supe que si lograse pintar un buen cuadro sería a través de un reencuentro de mis polaridades.

Poquito a poco iba agotándose la fuente de la pintura onírica. Quería más realidad. Seguí con el acrílico y materia lisa, pero sobre lienzo en vez de tablero y con temas más domésticos. Me refugié en la sensualidad.

Expuse aquellos cuadros en Barcelona, y se vendieron bastantes. El éxito relativo de la exposición me dio mucho que pensar. Había estado varias veces en España. Mi amigo y mecenas, el decorador Jaime Parladé, me compraba a veces. Me encantaba España. A lo mejor me había equivocado y de los países mediterráneos tenía España mas para ofrecerme que Italia. En la muestra de Barcelona, me compraron dos cuadros grandes, un florista del barrio, y otro me compró el Ayuntamiento. Me dije ¿qué pasa aquí? España me correspondía.

Mi entendimiento con España coincidió con mi segundo divorcio. Ya no tenía casa, situación incómoda para los pintores, que necesitamos estabilidad espacial. Con mi nueva compañera viví de viaje en viaje, quedándonos durante periodos de 2 o 3 meses en pisos de alquiler en Cataluña y Andalucía. Lo más fructífero de este periodo fue la evolución de mi relación profesional con Jaime.

En 1981 mi novia se compró un piso en Londres. Allí decoré una de las habitaciones con un mural de marquetería pintada pegado en plan puzzle a las paredes. Nos visitó Jaime y le gustó. Me encargó otro mural, sobre persianas, para una casa en Miami.

El año siguiente me encargó otro en la técnica del puzzle, esta vez mucho mas ambicioso, para un bar de Marbella. El tema –Chicas Volantes– me vino en un sueño. El trabajo fue largo, más de 4 meses, pero gratificante.

Entretanto me casé de nuevo. Terminado ya el mural de Marbella, regresamos a Inglaterra. Supe que, después de tanto mural, era incapaz de adaptarme a formatos mas normales. Concebí un "mural sin paredes"; una serie de 8 cuadros grandes utilizando la misma técnica del puzzle pero con las piezas individuales pegadas a tableros en vez de a la pared. La siguiente etapa sería buscar un cliente con paredes y luego pintar, siempre en puzzle, una enmarcación arquitectónica según las dimensiones de la sala. Pero esta vez Jaime no tuvo suerte, o quizás el tal cliente ideal no existía. Acabé exponiendo los 8 cuadros primero en la Coruña y unos meses mas tarde en Marbella.

La exposición de la Coruña fue un fracaso, pero me había prestado su casa en los alrededores un amigo gallego afincado en Inglaterra.
Allí me enamoré de Galicia y pinté el primero de mis muchos cuadros gallegos.

En 1987 pasó algo impensable. Dejé de pintar para escribir un libro. Me hice adicto a la escritura y no volví a pintar hasta 1990. Cuando empecé otra vez, en óleo, ya habíamos tomado la difícil decisión de emigrar a Galicia. Reaprender a pintar también fue difícil, pero poco a poco fui cogiendo ritmo. Si la pintura es todo un universo, los pintores somos unas muy pequeñas estrellas. Ella me hizo sufrir por mi deserción a un arte rival.
Recientemente me parece que he pretendido fusionar las tendencias, tanto técnicas como temáticas, de las distintas etapas de mi carrera. Digo "me parece" porque lo cierto es que no lo hice

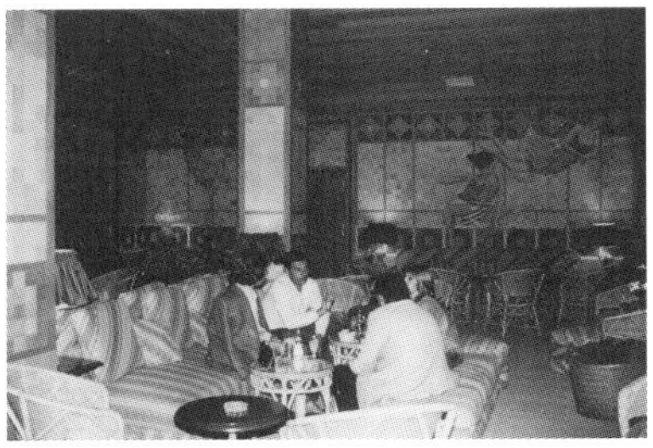

20

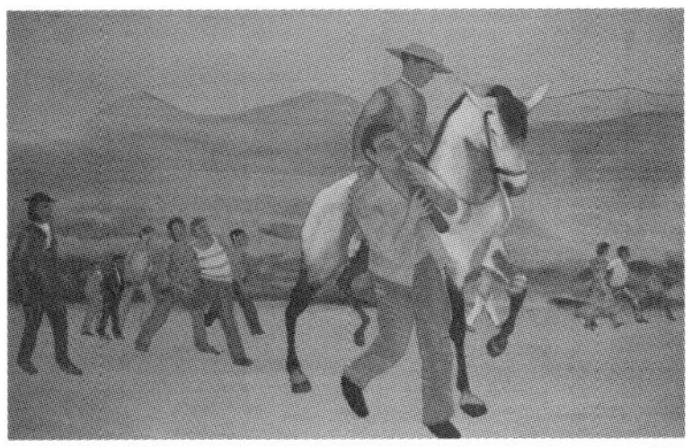

21

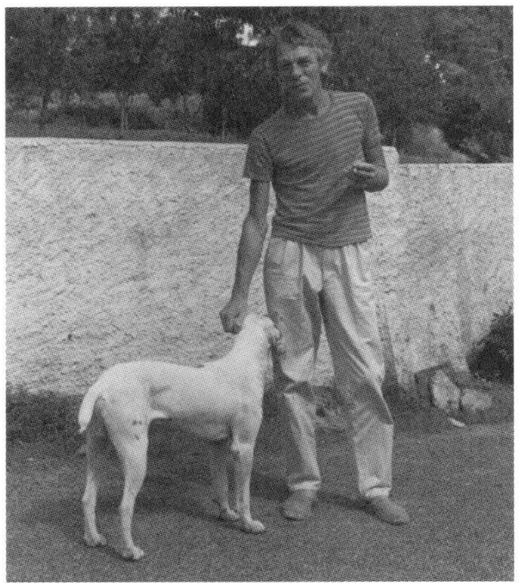

22

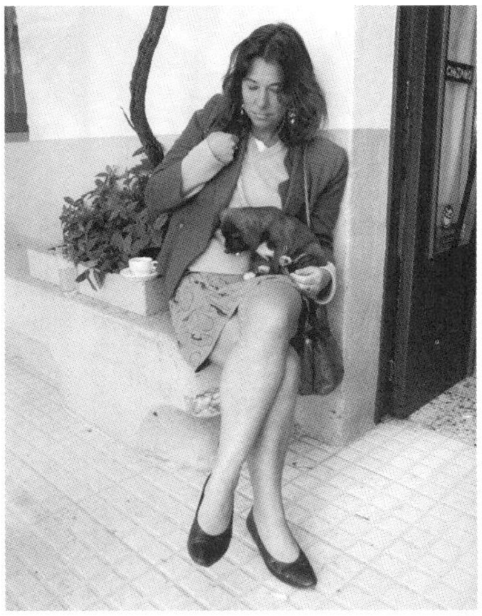

23

intencionadamente. Pinto como pinto porque me sale así. Nunca he tenido suficientes reservas de control para elegir.

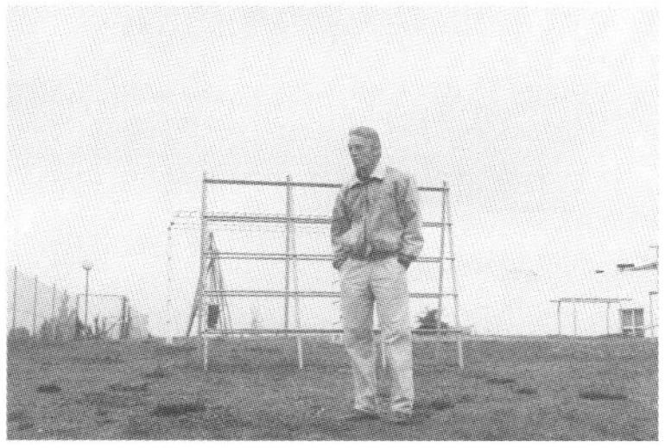
24

* * * *

Está colgado frente a mí un cuadro sin acabar. O sea para mí está sin acabar. Mi mujer, buena pintora y buena juez en la pintura, me pide que no lo toque más. Llevo ya tiempo con él. Me da pereza mirarlo y mucho más seguir pintándolo. Mi mujer no se equivoca, tampoco tiene razón. El bien y el mal no existen en la pintura. Seguiré con el cuadro porque si no siguiese tendría problemas para dormir.

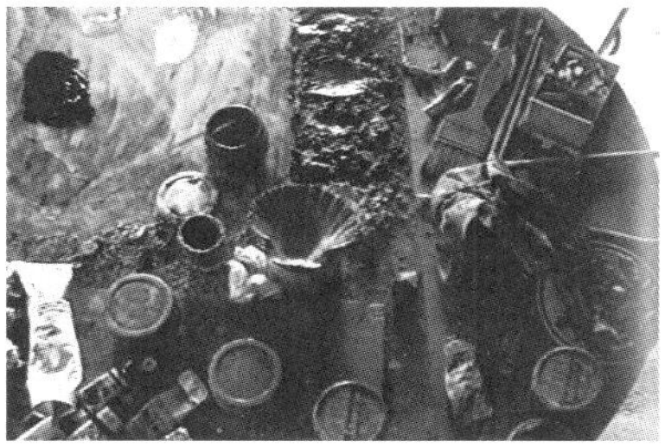
25

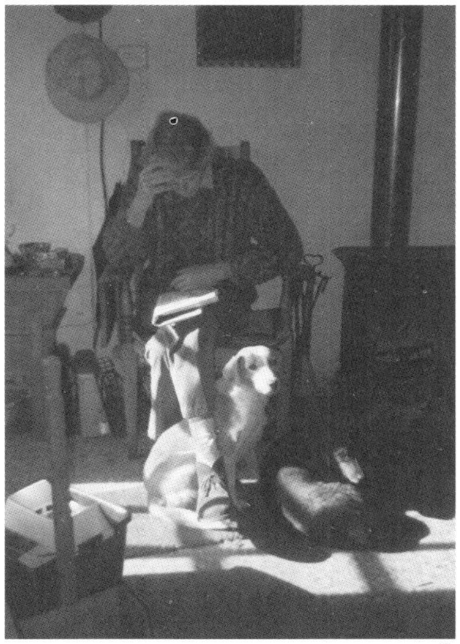
26

Decía Michael Andrews "Un cuadro mío está acabado cuando alguien se lo lleva." Con su refinamiento existencial, casi zen, trabajaba para que cada pincelada significara un paso hacia delante, por eso la espera de una hora. Cada mancha tenía que someterse precisamente a su visión de la verdad. Yo no soy así. Pinto a ciegas. Nunca sé lo que estoy buscando hasta que lo encuentro. Un cuadro mío está acabado cuando me haya sorprendido a mí mismo.

Empiezo con un tema que me estimule. A veces –un retrato o un desnudo– el estímulo proviene de una sugerencia única, pero más a menudo de la fecundación de una idea visual por otra u otras. Casi siempre, la búsqueda del punto de partida me produce mucha ansiedad, por que tiene que ser lo bastante fuerte para aguantar alrededor de 100 horas de trabajo.

Lo que más me gusta es estar en este medio. Me doy cuenta que he elegido un estilo de vida lúdico, placentero, infantil. Procuro prolongar esta fase lo más posible, pero inexorablemente el cuadro mismo se pone al mando, mientras lucho por comprender sus instrucciones. Sabe mejor que yo

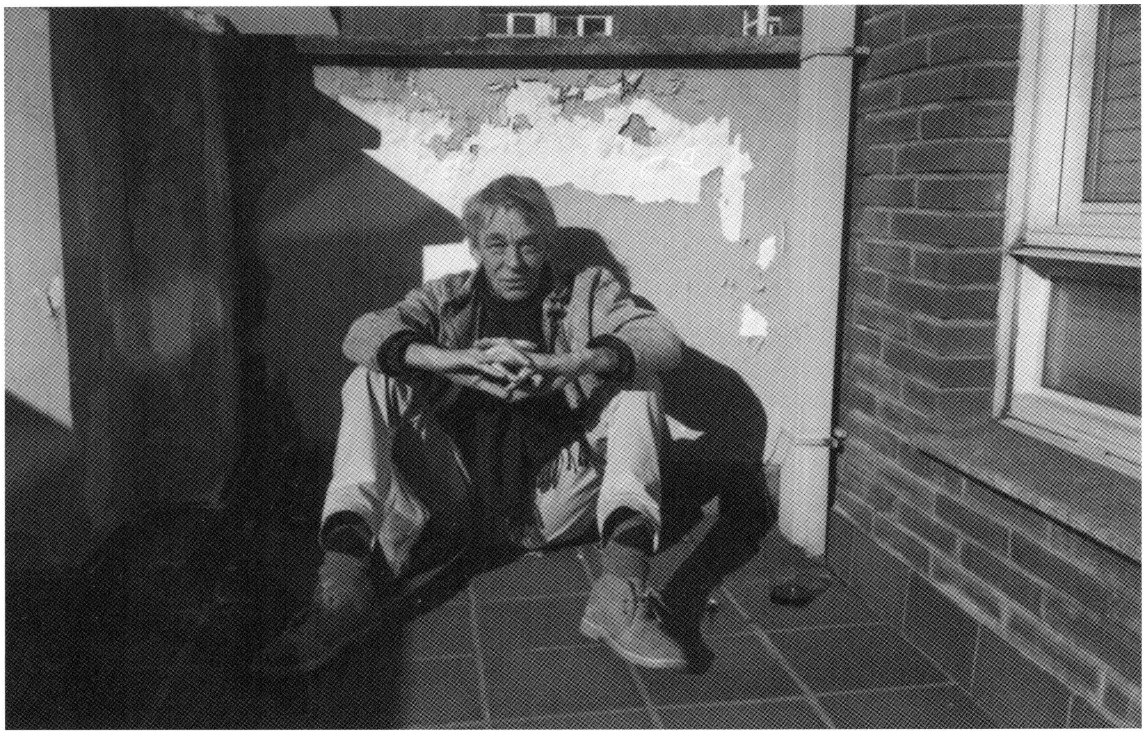

27

hacia donde quiere ir.

Ahora casi está acabado, pero sólo casi. Me doy cuenta de que he elegido un estilo de vida duro, serio, agobiante. ¿Por qué no está acabado? No lo sé y ahora el cuadro ha dejado de instruirme. Estoy en solitario. La pintura, al fin y al cabo, es abstracta, se trata de un equilibrio puramente subjetivo entre formas, colores, tonalidades, implicando una interacción espacial. El cuadro está sin acabar por que el equilibrio aún se me escapa.

De vez en cuando algún desconocido me pregunta: ¿No eres tú el pintor de la Escuela de Londres? Pues no. Llevo muchísimo tiempo sin vivir en Londres, y cuando vivíamos allí no teníamos título de Escuela. Aquí hay magníficos pintores: Carpo, Nitodavila, Encinar; Peteiro; Cabanas; Alfonso Abelenda, César Otero, Xoti, Cruz, Laureano Vidal, Diana Aitchison, Chelín, Correa Corredoira, Espona, Julio Sanjurjo, Anne Heyvaert... Prefiero ser de la Escuela de la Coruña.

1. En Londres. Fotografo desconocido, 1947.
2. Matthew Smith . The falling model, 1926.
3. Balthus. La partida de naipes, 1948-50.
4. Dibujando en Londres. Fotógrafo desconocido, 1960.
5. Nicholas Garland. Behrens y Garland dibujando en la Slade. Tinta sobre papel. Dibujado de memoria.
6. T. Behrens. Pintura.
7. Lucian Freud. Retrato de T. Behrens.
8. En el caves de France, Soho. Fotografía de John Deakin, 1960.
9. Michael Andrews. Fotografía de T. Behrens. 1959.
10. Harry Diamond, Michael Andrews, Nicholas Garland y T.Behrens en el Mandrake, Soho. Fotografía de John Deakin. 1960.
11. T. Behrens, Lucian Freud, Francis Bacon, Frank Auerbach y Michael Andrews en Wheeler´s, Soho. Fotografía de John Deakin. 1962.
12. Con sus hijas gemelas. Fotografía de John Deakin. 1962.
13. Lucian Freud pintando Woman smiling. Fotografía de T. Behrens. 1959.
14. Lucian Freud. Woman smiling. 1958-9
15. T. Behrens. Lucian Freud pintando Woman smiling en el patio de la casa londinense que compartía entonces con Behrens. Tinta sobre papel, 1958.
16. Lucian Freud. Red-haired man on a chair.(Retrato de T.Behrens). 1962-63.
17. T. Behrens. Garaje. 1966. Acuarela sobre papel. 50x33cm.
18. Pintado en Andalucía. Fotografía de Jane Longman. 1980.
19. Con el mural Londinense. Fotografía de "The World of Interiors". 1980.
20. Mural en Marbella. Fotografía de "The World of Interiors" 1983.
21. Del mural sin paredes. Acrílico sobre tablero, estilo puzzle. 1983-84
22. En la Alpujarra. Fotografía de Alex Ferguson. 1986.
23. Diana Aitchison. Fotografía de Federico García Cabezón. 1996.
24. En Monte Xalo. Fotografía de Federico García Cabezón. 1993.
25. La paleta del pintor. Fotografía de Federico García Cabezón. 1992.
26. En la aldea. Fotografía de Diana Aitchison. 1997.
27. En la Coruña. Fotografía de Federico García Cabezón. 2000

T. Behrens and the so-called School of London

António Cerveira Pinto

I

Nobody is forced to remain in "history". But nor is it easy to exclude someone from that same "history", only because historiography and what has conventionally become known as 'curatorship' have allowed themselves to be distracted, or were in fact distracted, by the logic of everyday life. We know that "histories" are almost always fleeting tales about "power", but even so it is hard to believe how frequently painstaking efforts are undertaken to erase facts that, had they not been censored, would have ended up attracting the attention of the general public, in the name of a description, or of some critical theory or other. For example, the surprise of discovering the work of the painter T. Behrens, at the very beginning of the 21st century, as something that is umbilically linked to the group of realists of various hues, christened by Kitaj as the "School of London", raises some perplexing questions: does anyone know the young man sitting beside Lucian Freud in the famous photograph by John Deakin, entitled Lunch at Wheeler's? We know that his name is T. Behrens. But how many people have noticed that he paints in the style of a certain generation of postwar artists (1950s and 1960s), based in London, who used to frequent The Colony Room Club[1]. Did he really have something to do with them?! Do in fact either his biography or art intersect in space and time with the existentialist furrows ploughed by Lucian Freud, Francis Bacon, Leon Kossoff or Frank Auerbach? For those who have seen this exhibition, the answer is obviously yes. Yet, in spite of this. T. Behrens has practically disappeared from the compendia of modern art in the 20th century!

T. Behrens was the youngest member of this group of Bohemian artists from the school of London realism, who had emerged from the great cultural disillusion caused by the carnage imposed on the world by the rise of fascism and Nazism.

Would it be honest, after Auschwitz, to speak of Art? This was the question asked by Adorno in such great anguish. It was in fact very difficult, when the ashes of so many dead and wounded were still warm, to insist upon the liberating properties of futurist modernity, the oneiric visionariness of surrealism or the radical progress brought to the arts by abstractionism. After such barbarity, the age of existentialism had arrived. In European art, it was the time of informalism that was beginning (Fautrier, Giacometti, Dubuffet), the time of a "new realism", marked by an awareness of the value of the small things in life and everyday experiences. For those artists, or at least some of them, who were to find two decisive representatives in Giacometti and Francis Bacon, observed by Jean-Paul Sartre and Gilles Deleuzes, what imposed itself was a less ambitious set of aesthetic ideas, a more modest cultural attitude, a methodically workshop-based discipline and the return to a set of perceivable pictorial languages. Although the dominant critical discourse was absorbed by the linear logic of the "progress" of Modern Art and the vanguards, having, for a long time, cast a sidelong glance at the generation of English "realists" (perhaps until Gilles Deleuzes' essay on Bacon, published in 1981), the truth is that this apparent creative conservativeness was essential for the encounter of British art with itself, within a panorama that was heavily marked by abstract internationalism. In the interview that Tim so kindly granted me, he says that, at the time, the accepted models continued to be those of abstraction... And yet, Francis Bacon, Lucian Freud, etc., copied Rembrandt and Velásquez, amongst other classics! Attentive artists, such as Kitaj and Richard Hamilton, took due note of the intrinsically pragmatic patterns of this generation of painters.

Despite our belonging to the era of the technical reproducibility of images, or perhaps even because of this, there was nonetheless an opportunity for figurative painting. The "School of London" returned to it essentially as an exercise in individual freedom, observation, imagination, drawing and painting, adopting a kind of anachronistic counterposition to the dominant currents of industrial and media-based art. British pop art (Richard Hamilton, Peter Blake, Hockney, etc.) took meticulous advantage of the apparent conservativeness of this "new realism" and definitively abandoned the timid abstractionist ambitions of British art throughout the first half of the 20th century, asserting with great humour the advent of the immediate, dithyrambic figuration of the agitated times of postmodernity: pop, mega-urban, technological, television-based, hyper-aesthetic, erotic, mundane, global and consumerist. In the British Isles, even at the height of conceptualism, which logically followed on from the triumph of pop art and the more radical investigations of situationism, a landscape variant was to impose itself, ecological and figurative of this kind of iconoclastic hara-kiri of the arts (Richard Long, Hamish Fulton, Gilbert&George, Art&Language, etc.). In the 1990s, the main protagonists of the so-called Young British Artists did nothing else but hypostasise the same premises of postmodern realism that had informed the (by then heretical and disdained) autonomy of the painting of Francis Bacon, Frank Auerbach, or T. Behrens, stretching them to the limits of what might be described as an extreme anatomy of Being. And it is, in fact, this impulse towards the meticulous and obsessive study of the interfaces of existence and death, perceived and manifested in the form of a symbolic representation, that has led Damien Hirst to return to the time-honoured Colony Room Club.

T. Behrens doesn't like his painting being confused with literature (to which he also dedicated himself tangentially), for there is space for both of these, and they both describe reality in a way that we would call unique. Literature stimulates our vision of the world through a language that is directly linked to the highest and most abstract levels of the internal representation of things, thereby appealing to our faculty for constructing images and for feeling, based on a set of abstract signs. Painting, on the contrary, begins, first of all, by addressing itself to the lowest levels of intelligence, activated by our visual sensors. Before interpreting forms, we set up a decisive sensory exchange with the substance of the painting: its size, light, contrast, colour, morphology and pregnancies. Unlike text, all this begins by being decisive in our appreciation of the visual work, long before we decide whether the subject is a good one or if the story has been well told. Let us say that, in a certain way, the information expected from a painting is less interesting than the art that is contained within it! Or, to put it another way, what survives in the memory of a work of art is not so much its ostensible information, which, in a certain way, lies at its origin (the coronation of Napoleon, the deposition of Christ, a still life with lilies, the sensual nudity of a model, a monochromatic abstraction...), but its "form", or, in other words, the experience of its apparition and of the way in which it has affected our sensory complex, our conceptual routine and our ideological structure. However, we also know that the naming of forms and colours ends up instilling them with a kind of culturally conditioned pre-signification: the colour white, which in the west is understood as a message of peace, is a sign of mourning for the Chinese; the music of some cultures is no more than an unbearable noise for others; the stench of certain cheeses turns out to be extremely pleasant for some gourmets; there are few who, on first contact, can be said to appreciate the sickly taste of Beluga caviar (probably the most expensive in the world). This being the case, we can perhaps state that, in a certain sense, nothing can replace the sensory experience as the inescapable impact of reality on the sensitive interfaces of our body, since in this materiality of perception there is always something that cannot be reduced to reason. Yet, at the same time, we have to accept the fact that both the division and hierarchisation of sensations take place at a very early stage as a social, ideological and cultural construction. It is precisely in the midst of this sensory ambivalence that the persistence of painting is played out in its entirety.

Since the invention of photography, painting has lost much of its importance in the institutionalised systems of ideological imagination. Iconic representation, as a revelation of the truth, left in the hands of the sorcerer, demiurge, vicar and politician, has been greatly eroded since Daguerre and the Lumière brothers. From the moment when it became possible to find a process for mechanically transferring the images perceived by us onto supports for their representation, no painting, however realistic it may have been, could contain what Roland Barthes called the 'noema' of photography, the "this has been", in other words, our capacity to convince ourselves that what is seen in a photograph actually happened, regardless of the material quality and resolution of the image. Particularly after the falsifications of the Kremlin photographs (from which Trotsky and other uncomfortable Bolsheviks were systematically erased by Stalin's bureaucrats), it is, however, known that photography was also to be rapidly transformed into a language of social communication, repeatedly falsified in the name of the editorial policies of the respective authors. The much heralded photographic spontaneity of Cartier Bresson came to be revealed as yet another laborious construction of the image of reality. Once the illusionist mechanism of the new medium had been explained, figurative painting was finally able to reclaim its niche of philosophical legitimacy. Pictographic objectivity, in other words the sensory factuality of painting, once again had all the time in the world ahead of it. And pictorial subjectivity, in other words the imagination constructed on the canvas, finally freed from heavy institutional responsibilities, which had meanwhile been transferred to photography, film and television, could now manifest itself amidst the giddiness of a newly acquired radical freedom. Reduced to a merely imagetic 'functionality', painting was earning the right to the autonomy of its own voice and the duty of discipline in its own gestures of inscription and erasure. Yet the fact remains that, meanwhile, the pedagogy of abstraction and conceptualist iconoclasm, insistently disseminated from Paris, and then later from New York, for more than fifty years, fostered the development of an incredible cultural bureaucracy, whose intellectual superficiality and obsession with career building still continue even today to make it difficult to acquire an honest knowledge of the facts and issues.

II

One of my favourite theoretical exercises is demonstrating the impossibility of painting after Daguerre, Marx and Sigmund Freud. The other one is lingering over the infinite and apparently indestructible filigree of this extraordinary tradition.

Painting and Art in general have always had the ideological function of symbolically configuring the anthropological universes of societies and individuals. At a very early stage, a decisive part of this mission was linked to the need to inscribe and conserve the images originating from subjective and intersubjective processes on accessible supports, which could be shared by people and were resistant to the passage of a time that had meanwhile been divided into four scales of relativity: the individual, the family, society and the unknown.

When, for the first time, we discover our image reflected in the calm surface of a river, we also discover the reflective force that will never again desert us in the stubborn search for Knowledge. When we discover the intriguing existence of images, we develop the intuitive certainty that we are making our way not between things, but between light and shade. The very sculptures of light that we interpret, for our own convenience, as things are no more than allegories of reality. Just the protracted and patient contemplation of these, allied to the friction of life, has enabled artists, poets and philosophers, to fabricate the enormous tower of representations necessary for communicating, for making languages, for organising metaphysics and for experiencing ecstasy. And it was because we noticed that all that we are given to see is images that there was such a long and persistent attraction for mirrors and that we turned speculation into our first means of logical inquiry. We polished all of Nature's reflective materials, we studied the broad spectrum of energy to invent lenses and membranes capable of retaining the infinite labyrinth of the world's external and internal images, we hypostasised even subjectivity itself, in order to transform it into a diapason capable of revealing the ether of our passions, wishes and uncertainties. It was through our travelling along this path that an important part of Painting dissolved into Photography, Film and Television...

The inscription of images in representations, that mnemonic procedure of reason, has always been more urgent, in existential and political terms, than biography and the style of either the artist or the machine of representation. To interrupt the flow of time, to separate it from space, even in the illusory form of an image, this is what true representation has always sought to achieve, in the most direct and untouched manner possible. When Roland Barthes referred to the noema of photography as a this has been, he did in fact give an incisive explanation of the real strategic target of representation. But, if we compare this theory with the notion of the technical reproducibility of the work of art, advanced by Walter Benjamin, then we will be confronted with the picture of the crisis of representation that led twentieth-century painting to the enormous arc of the analytical, but also poetic and, in the end, neurotic, disfiguration of images.

Socially abandoned, and in a state of crisis, painting and modern art in general found themselves trapped between the appeal of abstraction (i.e. the representation of abstraction as a process of aesthetic research and design) and the duty of erecting a critical (phenomenological and meta-artistic) machine built on the basis of its own disgrace. The tendency to move towards abstraction and design never managed to free itself from demiurgic metaphysics, from theoretical ingenuity and even from conceptual pretentiousness. The irremediable aporias of this branch of modern dispersal are all born from the impossibility of symbolising the consistent reality of the very de-symbolisation of the world, inaugurated by the triumph of Capital, Science and Technology. The only means of escape (and exile) in the face of this historical trap became consolidated, through a great effort, as art criticism, meta-art and theoretical art. That is to say, as non-painting. However, halfway through this process of disfiguration that has been in progress since post-impressionism, and somewhere around the time of the Vienna Secession, Art timidly became aware of its desperate freedom, perceiving this not as the exclusive historical condition of its praxis, but as a more general condition of the urban, anonymous, qualityless individual. Between individual freedom and the protestant need of the capitalist world, there remained a frightened and defenceless skin, on the verge sometimes of a fit of nerves, and at other times of a brief bout of happiness. It was precisely in this interstice that Drawing and Painting lodged themselves, excavating, so to speak, the foundations of a new realist subjectivity. From this new form of painting, nobody expects institutional truths, nobody expects any ideological truth, nobody accepts systems of authority. Everyone, however, expects the intimacy of a genuine aesthetic experience. They expect this, it might be said, as a testimony to the presentiment, still kept alive in each of us, that, despite the hegemonic rationalisation of the world, there continues to be a body of sensations capable of vibrating with the rapid beating of wings of an unnoticed humming bird.

T. Behrens' work belongs to this second category of the cultural crisis of the twentieth century. We can therefore regard his painting as an irresistible example of the aesthetic experience, arising above all from the complete detachment of his images. The theatrical constants of his compositions, so to speak, give rise to the coherent universe of his work, and, at the same time, genetically connect it to the existentialists who congregated, after the bloodshed of 1939-1945, at The Colony Room Club. The typically phenomenological presence of the flesh, as a prominent moment in the dramatic representation of the human body (Bacon's male figures, Lucian Freud and T. Behrens' male and female figures), the theatricalisation of the pictural pose (in which one can frequently note the representational typologies of amateur photography), and the symbolic insistence of the dogs as a cynical counterpoint to the excesses of cultural anthropocentrism that are so typically found in the man-mass, mark a whole style of criticism of the sophisticated superstructures of high culture and the hypostatisation of the right to urban marginality as both the proof of, and driving force behind, the very expansion of public freedoms, without which we all tend to yield before the undemonstrated absolute need for work, the undemonstrated absolute need for exploitation and the undemonstrated absolute need for power. Where truly is happiness to be found? This is the question we ask at each awkward moment in our lives. As we turn the corner, observing the peace of mind of a dog sleeping in the sun, T. Behrens' paintings seem to answer us; sincerely defending the enthusiasm and illusion of a child on the day of his First

Communion; contemplating the tranquil nudity of the lover still enveloped in a sleep that resists the morning light and the chirping of a sparrow that does not tire of announcing its virility; on a spring afternoon, painting a garden bench crimson red, next to the white rose-bushes that open up before us to our amazement and delight; in short, in the myriad of small things to which we do not attach the slightest importance, but which Tim's live paintings cause to return to the world-view of each of us as proof of life, surrounded by occurrences, curiosities, memories and ghosts. Due to their photographic structure, the impact of these paintings becomes unavoidable. Escaping from the concretely epistemological moment of the Barthesian noema, the images of this kind of existentialist realism do, however, convince us, through a succession of different close-ups: the proximity of the species, the proximity of the invisible everyday things, the proximity of life, the proximity of death. Yet, if the worlds that are recreated in T. Behrens' painting exert an irresistible appeal, this is also due, on the one hand, to the episodic, but very detailed, nature of the themes that are dealt with – a nude girl, lying on a sofa, reading a magazine, on a summer's day, with a beach and several bathers visible through a window; men, women and dogs talking in a garden; a naked woman taking a nap, etc. - and, on the other hand, to the conceptual and sensory aspects of the style: interplays of perspective and colour. Time and again, people and dogs inhabit both the interior and exterior scenarios of his painting. These are scenes from everyday life, without a pose and without any dramaticism. In a certain sense, we can say that they are born in the image of, and with a similarity to, weekend photographs. But, in the distance that separates them from the peculiar world of Kodak realism, those representations of life reach us as the sensitive result of a perpetual coming and going between memory and imagination, between certainty and poetry, between representation and gesture, between today and tomorrow. They are both the painter's biography and the biography of us all!

[1] The Colony Room Club was once again brought back into fashion by the most recent generation of "realists", including the inevitable Damien Hirst. Through here have also certainly passed Tracey Emin, Jake and Dino Chapman, Ron Mueck, Gillian Wearing and a whole host of tourists whose enthusiasm has been fired by the "new Brit art", which came into being during the Thatcher era, namely through the decisive strategic initiative of its greatest propagandist: Charles Saatchi.

A conversation with T. Behrens

1. António Cerveira Pinto (ACP) - what does the following list means to you?

SCHOOL OF LONDON ARTISTS

Michael Andrews (1928-1995)
Frank Auerbach (1931)
Francis Bacon (1909-1992)
Lucian Freud (1922)
R. B. Kitaj (1932)
Leon Kossoff (1926)

T. Behrens (TB) - It means friends I don't see any more. Mike and Francis are dead, and Kitaj I never even met, I can't think why, since we had a good friend in common, the playwright and poet Harry Tierney. I don't think Kitaj went to the Colony Room, at least I never coincided with him there. Leon Kossoff didn't go very often either.

2. ACP - quotation:

" . . . So many frequented The Colony Room that a self-contained movement, "The Colony Room School" arose. Essentially a subject of R.R. Kitaj's "School of London," its nucleus comprised a group of friends and contemporaries: Francis Bacon, Frank Auerbach, Lucian Freud, Michael Andrews. The latter's painting, The Colony Room I, 1962 sets at least two of them in their milieu (all 23' x 12' of it): Freud stands off-center facing out, and Bacon sits to his left with Muriel Belcher on her stool dividing them . . .."

In
John Deakin: Photographs
Selected & essay by Robin Muir
The Vendome Press, New York, 1996

Question - Are you depicted in this painting? What did the Colony Room mean to you and to your art activity?

TB - No. I remember being rather offended that Mike hadn't put me in. I asked him why, and his answer was typically intelligent. He was painting the Thyssen portrait at the same time. He said that he had at first considered using me as one of the characters, but changed his mind because he thought that to do so would divert or dilute the emotional energy he needed for the portrait. I could easily identify with that sort of thing, and felt ashamed of the childishness of my initial reaction.

Robin Muir says that at least 2 of the group of friends are represented in the picture, meaning Lucian and Francis. But Mike himself told me that he intended the chubby seated figure to be an ambiguous mixture of Francis and Dan Farson, another habitué and friend of ours, who wrote a gossipy but affectionate and brave biography of Francis after his death.

3. ACP - quotation:

Ron B. Kitaj first referred to the School of London in his catalogue introduction to the exhibition titled "The Human Clay" at the

Hayward Gallery in 1976. Kitaj noted that "while abstraction, happenings and transformations were triumphant there was a special trend towards figurative painting as well as a kind of obsession for the human figure among most London painters."

Question: This description could also apply entirely to your artwork... don't you think?

TB - I disagree with Kitaj. The figurative tendency, the obsession with the human figure was decidedly not shared by "most" London painters. There were weak, traditional figure painters, who behaved as though Paris had never existed, but I assume he's not talking about those. The great majority of ambitious or "good" or "real" painters were abstract. It would be tempting to say that the painters of the so-called School of London were locked in heroic, defiant rebellion against abstraction. Speaking for myself, though, if I can include myself in the group, there was never any choice. I didn't understand abstract painting. It seemed so one-sided. Figurative painters deal in abstraction too, after all. The excitement, the challenge, lies in making sense of abstraction on one hand and representation on the other.

4. ACP - quotation:

"Each of these painters 'instilled a personal style in their works dissecting reality and the morphological attitude of models, expressionist and violent for Auerbach, hallowed with dream and mystery for Andrews, coloured and graphic for Kitaj while Kossoff seems much attracted by thick materials. Francis Bacon was much concerned by human condition using derision to depict human figures always shown distorted so as to express anguish and solitude. Contrary to Bacon's nudity of the soul, Lucian Freud seems fascinated by the nudity of bodies and proves to be a master in expressing sheer intimacy with no restrictions." [Ron B. Kitaj]

Question: Could one refer to the specificity of your paintings, within the esthetical mood defined by Kitaj, as something less sharp, less analytical, less expressionist, less concerned by morphology, ... and more holistic, more poetic and more de-dramatized, being notwithstanding a very personal approach to subjective realism?

TB - I find it very hard, if not impossible, to see my work objectively compared with that of other painters. I paint the way I do because it seems to me the most direct or logical way of communicating my personal set of visual preferences. I know I haven't really answered your question, but I'll try another approach. You use the word poetic, which I can never understand in reference to painting. I want to paint pictorially, not poetically. That's why I write poetry, in order to exploit that other side of myself. However, I was recently accused of painting short stories.

5. ACP - quotation:

"I hardly know why I agreed to buy pictures for the Arts Council. I should have stayed in bed like Oblomov. Anyway, the shutter banging in the wind did not defeat what became a labor of love and I'm glad I did it.

I told them I would only buy pictures representing people . . ." [Ron B. Kitaj]

Question: How central is a sculptor like Henry Moore and he's drawings about the war as an inspiration for a generation to which most of the modernist optimism was already gone with the deadly wind of two world wars and several million of victims?

TB - Henry Moore was the English modern artist for my student generation. One day I found myself in a smart Hampstead drawing room with Nick Garland, Francis Morland and Eduardo Paolozzi.
Paolozzi picked up the phone and said in his Scottish accent: "Hullo Henry". He sounded a bit apprehensive, but Nick and I, both 18, were extremely impressed that he should be on Christian name terms with the great man at all.

Afterwards there was a fairly fierce, generalised reaction against Moore. I can never understand the impulse to shoot down people who are genuinely grand and have become famous through merit, rather than ambition. (It's now the fashion to denigrate Bacon too).

I've just done a picture, based partly on a photo by Alfonso which contains people sleeping in the Madrid metro during the Civil War. It's only now, answering your question, that I realise I owe the image to Henry Moore, who did a famous series of drawings of the London version of the same subject.

6. ACP - quotation:

"The singe human figure is a swell thing to draw. It seems to be almost impossible to do it as well as maybe half a dozen blokes have in the past. I'm talking about skill and imagination that can be seen to be done. It is, to my way of thinking and in my own experience, the most difficult thing to do really well in the whole of art." [Ron B. Kitaj]

Question: Landscape painting and portraits are a very well known trend in British art, and I can imagine the so-called School of London, very impressed with such powerful artists like Constable, Turner, Gainsborough, Reynolds, John Sargent, William Blake and Whistler. In times of delusion, requiring new attention to the human soul and body, but also to the precious environment of life, photography (now under the control of information age), probably seemed not enough to your generation. Painting had, so to speak, another chance to prove its innocence and wit. Is this a fair judgement? What was the hard talk of those times in relation to the future of art? Was there any sense of future in your perception of the evolution of contemporary culture? Or was it only a matter of dealing with the present... and painting?

TB - I hate the term the School of London. I don't blame Kitaj for coining it, because if he hadn't someone else would have done. But it takes an effort for me to pronounce the words.

Constable was the only English painter you name who was influential then - and only to Lucian, I think. It was rare to hear people mention English painting of the past, neither was I interested in it myself. Lucian was obsessed by Rembrandt and Francis by Velásquez. The setting for Mike's picture The Deer Park came from Velásquez too. I spent years studying Breughel, Vermeer, Goya, Michelangelo, Courbet, Delacroix...

I'm a painter of people. Occasionally I do an unpopulated picture, but unless it contains human traces - an unmade bed or an interior - I can't work up the enthusiasm to carry it through. I have done landscapes, specially when I was very young, but I never thought much of them.

"What was the hard talk of those times in relation to the future of art?" In Soho there was very few places where you could drink through the afternoons. The Colony Room of course was one, but there was also a bar next door called the Club des Caves de France. It was a tougher sort of place with a more heterosexual atmosphere. Muriel Belcher could be quite strict about bad behaviour, and the drunkest people of all, who weren't always welcome at the Colony, were tolerated at the Caves. One of these was Roger Hilton, a pioneer abstract painter of my parent's generation. One day, practically on his knees with exhaustion and whiskey, he whispered in my ear: "Kid, the future is yours." It wasn't a reference to our respective ages. He meant he thought that abstract painting was finished. This was exciting, coming from the headquarters of the theoretical enemy, because we were outsiders, whatever Kitay says. The paintings of Hilton's last years were dancing nudes.

Writing that anecdote down suggests an answer to the rest of your question. People like Roger Hilton belonged to some ism or other. They were politically minded and thought about the future of art, that art had a predictable future. We - the Colony Room School or the Beaux Arts Gallery School, to avoid that pretentious expression for once - were anti-political, anti-School in fact. There was a feeling in the air of aristocratic scorn for expressions like "the future of art". A dandyish feeling too. Bacon had something to do with Oscar Wilde and Lucian perhaps with Baudelaire.

7. ACP - As far as you have been totally erased (or self-erased...) from the so-called School of London, with the exceptions of two portraits where one can testify your early association to the core of the Colony Room Group: "Lunch at Wheeler's", a photograph, produced like a 'tableau vivant', done in 1962 by John Deakin, and a portrait of you done by the painter Michael Andrews, belonging to the Thyssen-Bornemisza Collection (now in Madrid).
What did really happen at the time to your relation with the future School of London?

TB - What happened was that the Beaux Arts Gallery closed, my friendship with Lucian dissolved and I left the country. It was like the end of a chapter. You say I've been "erased" (or self-erased)" from the School of London. I think I was more of a desertor, and desertors don't get easily forgiven.

8. ACP - You have been working a lot in the last decade or so. Could you tell us a little more about this silent work?

TB - I've always worked a lot. It's just that lately I seem to produce more pictures. I don't think I can tell you much about what you nicely call "this silent work". I hope it speaks for itself, in silence that is.

9. ACP - Lucian Freud and Frank Auerbach were born in Berlin, Bacon was an Irishman from Dublin, Kitaj was a native of Cleveland, Ohio. Where are you from? This so-called School of London and their relations with British realist painting tradition may have, in fact, a more diversified cultural background. Don't you think?

TB - It's true that the School of London is short of real Londoners, but so was the School of Paris of real Parisians. Picasso spoke French with an atrocious Andalusian accent, Matisse was from the Belgian frontier, Modligliani was an Italian Jew, Chagall and Soutine Russian Jews...

Lucian was born in Vienna, Frank in Berlin, Paula Rego in Lisbon, Bacon in Dublin, Mike in Norwich. Craigie Aitchison was born in Edinburgh. It mystifies me that nobody talks about Craigie in the context of the School of London, far more than it does that nobody talks about me. Craigie has lived and worked in London for 50 years. He's one of the 4 or 5 best known English painters, both to gener-

al public and to specialists. He was an intimate friend of Mike Andrews and Euan Uglow. His work fits perfectly well into the stylistic disparateness of the so-called group. Almost most importantly he was Helen Lessore's favourite of all of us.
And yet nobody outside England has heard of him.

I was born in London, but my fairly recent ancestors were Hamburg Jews. There was a lot of Jewish blood in my London circle of friends: Frank, Lucian, Kossoff, Helen Lessore. Kitaj is Jewish too. Frank Auerbach, Lucian once told me with the air of having just made an important discovery, comes from a long line of rabbis.

10. ACP - Most of the work we are going to see in your first retrospective ever was done in Spain in the last two decades. Before this period you have been in Italy. How do you see the relationship of your art, done outside the environment of the Colony Room, with the so-called School of London? As I see it, there is still a very strong connection with the principles that made that Lunch at Wheeler's the vortex of a decisive de-construction of the modernist tendency to abstraction...

TB - I often wonder about this myself. I chose to live in Spain and not in England, surrounded by Spanish rather than English people. I've lived here longer than anywhere else I've lived, and my youngest son grew up Spanish. Painting is a means of communication. In as much as painters paint "for" anyone, I'd like to paint for the people I see every day, who are Spanish people. To put it another way, I'm conscious of a great debt to the Spanish, which I'd like to repay in my favourite coinage, painting. But on the other hand one can't deny or escape the overwhelming heritage of the formative years, until 25, say. The other day I asked a friend: "Do I paint as I talk, with an English accent I mean?" When, after some thought, he said no, I was pleased. But the way you phrase your question suggests you disagree.

T. Behrens by T. Behrens

Tim Behrens

The decision to write this piece in Spanish, not in English, has shown me a way to begin it. I've got no memory of having drawn or painted as a little boy, but I do remember my first Latin lessons. My parents sent me - I can't think why, since I was only 5 - to a private teacher, a certain Miss Wheatfield. The concept of a language in which verbs are conjugated and all objects have a gender struck me as funny, and therefore I learned quickly. From then on Latin, later French and Greek too, were always my favourite subjects at school. It seems to me now that languages, until my discovery of the concept of art, were useful to me as s creative escape valve. And now I prefer writing in Spanish because it reminds me of childhood.

After the war, when I was 9 or 10, my father started collecting pictures and I started painting. But, because he and I always got on badly, it took me half a century to recognise the obvious connection between these 2 beginnings.

I wasn't interested in drawing. I painted awkwardly with impetuous, rather brutal brushstrokes. I admired Matthew Smith, a great English painter, whose work I could identify with because of its strong colours and apparent disregard for classical draughtsmanship. My father had several of his pictures.

My mother was proud of my paintings. One day - I was away at boarding school - Matthew Smith visited our house. My mother plucked up the courage to show him my oils. A man of few words, he looked at them for a bit and said, "he should carry on".

We had a painter friend called Bateson Mason. Although I also liked his work, I loved him as a person and as an example. He was a Bohemian, the only one we knew. He didn't have much money and didn't mind. My mother collected his paintings. My father, on the other hand, remarked about him one day: "he's got nothing to say but he says it very well." I was adolescent by then, and I thought this piece of rudeness had been caused by jealousy of the painter's relationship with my mother. I decided, unfairly, that my father was a bad judge of painting. I also decided to be a painter, meaning a man like Mason.

On Saturday mornings in the holidays my father took me round the West End galleries. In those days they exhibited, for sale, not only the School of Paris - Braque, Juan Gris, Miro, etc - but also the Impressionists and the Barbizon School, at the beginning of the 50s London was almost completely under thumb of Paris. My father bought, among other things, a late Corot, a Forain and the Balthus called The Card Game. This last picture was to have a great influence on me.

At public school I went on painting whenever I could. It was a school of more than a thousand boys, of whom less than 20 painted regularly. Thus painting was a marginal activity, and "modern" painting, which is what I tried to do, was actually laughed at. There was one teacher, all the same, who was very encouraging. Thanks to him I sometimes won the annual painting prize.

Mason, the Bohemian painter friend of the family, seldom painted the human figure. His pictures were landscapes with architectural elements. I took refuge in his example to cover up my fear of the figure, but subconsciously I knew that such a state of affairs couldn't last for ever. Meanwhile I went on doing big pictures of quaysides, factories or train stations that I'd sketched in the holidays.

At 16 I was fed up with public school. In defiance of my father, who wanted me to go to university to continue with my specialist subject, classics, I took my recent pictures to a London art school. Surprisingly - it wasn't the right time of the year to apply - they accepted me. I was going to be the youngest student of the famous Slade School of Fine Arts.

The new students had to draw ceaselessly from the plaster cast, which isn't exactly the human figure so much as a representation of it. It was a hard and boring first term and I only passed the test. But at least I'd made some gradual progress towards exorcising my nightmare, the figure, without the disturbing presence of flesh and blood.

The Slade was historically considered the headquarters of drawing, particularly of academic life-drawing, but it was in a moment of transition. The Professor, William Coldstream, was a prudently progressive man. Of this star students few adhered to the traditional style and some were pure abstractionists. We accepted that, in order to be someone in the world of painting, we would have to arrive at an unmistakable personal style based on an academic apprenticeship. I never mastered the way of drawing, loosely based on Cézanne, in fashion at the Slade. With time, all the same, I was losing my fear of the human figure.

In the summer a friend and I went hitchhiking to Italy. We were researching the obligatory figure composition that we'd hand in for the autumn prize giving. I was amazed by Piero della Francesca's Flagellation. In Venice I sketched a group of men playing cards in a bar. Back home I used the sketch as the basis for the prize composition.

I painted the picture in the basement area of my parent's house, with 78 records of a Bach concerto on the wind-up gramophone. I remember feeling euphoric, for the first time conscious of a germ of creative potency. The picture didn't come out as a pastiche of Piero, which is what I'd intended. It came out mine.

My picture won the 3rd prize, but it also brought me something much more valuable. In the second year we were allowed to paint what we liked in the corridors. While I was working there one day, a visiting teacher, Lucian Freud, approached me. After telling me that he'd liked my picture, he asked me if I'd sit for a portrait. Very honoured, I told him yes, of course.

Lucian, the youngest of the teachers, was also at once the most admired and most criticised by us. At 33 he had the reputation of being gambler and womaniser; he sometimes appeared in gossip columns; 2 pictures of his were in the Tate.

He became one of the fundamental formative influences of my life, along with my parents and Mason. For 8 years we saw each other practically every day, not only as painter and model but as intimate friends outside the studio too. I now imagine that he needed a protégé as much as I needed a protector.

I used to go drinking with Lucian in Soho, which, for many artists of that time, was more a school of ideas than the drunken red light district it seemed to the outside world. I learned much more about what it means to be an artist there than at the Slade.

Michael Andrews had left the Slade the year before I arrived, but people still talked about him as a prodigy. Lucian introduced me to him in Soho, and we immediately made friends. Our relationship was more evenly balanced than mine with Lucian, partly because Mike was closer to my age.

We decided to paint each other a portrait. Our studios then were about 7 minutes walk apart. For a few months we shared our mornings. First he'd pose and I'd paint for a couple of hours. Then the short stroll and the process in reverse.

Mike was at a rapidly changing stage of creative development. He was an intellectual who questioned everything, a thinker-painter. Cautious, almost neurotic, he was capable of watching the picture for an hour, like a cat with a mouse, waiting for the precise moment to pounce. I'd never before been in contact with that sort of seriousness, and was always hoping that some of it would rub off on me.

I left the Slade with a diploma but without distinction. In my 4 years there I worked less than in any other comparable period of my life, and one only learns by working. But I did make 2 friendships which have lasted to this day - with the painter Craigie Aitchison and the cartoonist Nicholas Garland. And quite a few of my fellow-students pictures stay in my mind: people like David Storey, Tyzack, Paula Rego, Margaret Evans, Elliot, Norris, Anne Norman, Barry Hirst...

As soon as I was out in adult life, everything changed. I got married. My painting got stronger. I began a long series of pictures of my domestic surroundings, mostly nudes and portraits. It was rather brutal stuff, like the work of my childhood but with the figure. Lucian, who always encouraged me to the limit, introduced me to Helen Lessore, who ran the Beaux Arts Gallery. Auerbach and Bacon, Soho drinking friends, had already showed there, so had Aitchison and Andrews.

I had the first of my 3 one-man shows at the Beaux Arts in 1959. It was then the only "serious" gallery in London that specialised in figurative painting. Very serious, like Helen, the incorruptible protectress of her artists and scourge of well-off clients.

Lucian was a friend of Helen's, but had never shown at her gallery. She was uncharacteristically misled by gossip about his private life into seeing something frivolous in his work. But Lucian laboured away for up to 18 hours a day. He was ambitious enough to want to emulate Rembrandt, but modest enough to despair of ever doing so. He wanted the intensity of his effort to compensate for what he himself called his lack of natural talent.

I was astonished by his physical and mental energy. After all those hours of work he still managed to have time left over for fun. Sometimes he even wasted time. He taught me about time, in fact, but he was never doctrinaire. He never seemed to notice the extent of my dependence on his attitude towards life, a mixture of harsh self-discipline and an aristocratic disdain for what people thought about his behaviour. As far as I could I modelled myself on him.

I tried at all costs to keep visible influences out of my work. At that age I was unsure of myself as a person and as a painter. I painted violently so that people wouldn't notice.

Lucian was a well-known painter. I spent most of my free time with him, either in his studio watching him paint, or in the bars of Soho listening to him talk to Bacon, say, about painting. In my little orbit everyone knew this, so I had to prove I wasn't his disciple, still less his slave.

He himself was humbler, in spite of his powerful personality. After each session in the studio he'd ask my advice about what he'd just done, and, even stranger, change some passage or other following my suggestions. For him it was a question of common sense, since he lacked the sillier sort of pride. Having earned his independence, he was free to concentrate on doing a good picture by whatever means presented itself.

I rented an attic room in a slum in Mornington Crescent, near where Rimbaud and Verlaine had lived. Now Frank Auerbach was my neighbour. Quite often we met in the street, and sometimes we visited each other's studio. I admired him a lot. Once we were in my attic facing a picture that was giving me a hard time. I asked him whether a technical trick I was considering trying would work. He answered: "Anything's all right as long as you do it with love."

A maxim which encapsulates the Beaux Arts spirit. (Frank used to go out with his face dripping blood because he shaved as passionately as he painted). Aged 24 I believed him heart and soul, and even now it doesn't sound at all bad.

I got divorced and remarried. The Beaux Arts Gallery folded; Helen, the most inspired gallery owner of her time, was never such a good businesswoman. Before closing for good she succeeded in placing Frank and Leon Kossoff with Marlborough. I too negotiated a contract with them, but for one reason or another it fell through.

In one sense the end of the Beaux Arts was a relief to me. My work had been gradually changing over the years towards a less martyred style. I felt suffocated by the obligation, tacitly instigated by Helen, to become a saint.

The break-up of my friendship with Lucian was much more painful. He had taught me more than anyone. To give just a few examples: the importance of giving emotional life to every square centimetre of the picture and of working to the limits of your strength; the close, intelligent interaction between the life of an artist and his work; the continual study of selected great painters of the past... Now I was on my own. I was going to have to grow up again.

Lucian vigorously rejected the concept of narrative painting; I was attracted to it. For him Italian art, with exception of late Titian and Michelangelo, lacked the necessary danger; I loved Giotto, Piero, Masaccio... I don't believe my decision to move with my family to

Italy would have been possible under his patronage.

We sold our house and bought a farmhouse in the Tuscan countryside. I took advantage of this radical change to make an equally radical one in my work. Industrial acrylic paint instead of oils; subject matter taken from dreams, with a tendency towards surrealism; on one hand the influence of Duccio, who I saw as the mediaeval equivalent of a film director, on the other a record of modern Italian street life; all painted smooth and flat without visible brushstrokes.

During the first year I felt very isolated. I frequently wrote to Mike, the only one of my friends with the qualities necessary for understanding the creative schizophrenic I was going through, but he never answered my letters. It appeared that he too was in a crisis and has hidden away. Our mutual friend Craigie Aitchison told me that Mike was now a recluse. We all ended up accepting it, but not without initial puzzlement and sadness.

I think my stylistic switch-about resulted from the desire, which now seems shameful, to paint more in the spirit of my time. Only history can be the judge of these things.

Helen came out to visit us, forewarned about what to expect from my recent work. Always forthright, she said: "You know, I don't dislike them as much as I thought I would."

I decided to look after my career. I began exhibiting, with no success at all, in the big Italian cities.

But those years weren't entirely negative. Although I don't like the pictures I did then, perhaps it was necessary for me to do them. Buried inside every artist is the solution to his own contradictions and he can only find it by experimenting, taking risks.

Classic and romantic. Apollonian and Dionysiac. Perhaps we're all born with both tendencies. Which one later comes to the fore depends on lessons, conditioning, chance. I always knew that, if I were to paint a decent picture one day, it would be thanks to reconciliation between my polarities.

Bit by bit the source of the dream pictures was drying up. I wanted more reality. I went on painting acrylics with a smooth surface, but on canvas instead of board and with more domestic subjects. I took refuge in sensuality.

I showed these new pictures in Barcelona, selling quite a few of them. The relative success of the exhibition gave me plenty to think about. I'd been to Spain several times before. My friend and patron, the decorator Jaime Parladé, used to buy my pictures sometimes. I loved Spain. I thought perhaps I´d made a mistake, that of the Mediterranean countries Spain had more to offer me than Italy. In the Barcelona show a florist round the corner from the gallery bought 2 big pictures. The Town Hall bought another. I thought: what's going on here? My love was being requited.

My recognition of Spain coincided with my second divorce. I had nowhere to live, an awkward situation for painters, who depend on spatial stability. I travelled around with a girl I was now with, staying for periods of 2 or 3 months in rented flats in Cataluña and Andalucía. The most fruitful thing about that time was the development of my professional relationship with Jaime.

In 1981 my girlfriend bought a flat in London. There I decorated a room with a mural composed of pieces of painted plywood glued to the wall like a jigsaw puzzle. The next year Jaime visited us and liked it. He commissioned me to do another mural, on slatted blinds, for a house in Miami. This I painted in a hut near Jaime's place in Andalucía. Then we shipped the 17 finished blinds to Miami, where, as far as I know, they still hang.

Jaime hadn't forgotten the jigsaw mural. Next he commissioned one in the same technique, but far more ambitious, for a bar in Marbella. It took 5 months of hard but rewarding work.

Meanwhile I got married again. When the mural was finished we went back to England. I found that, after so many murals, I was incapable of adapting to normal-sized pictures. I had the idea of a "mural without walls", a series of 8 big pictures using the jigsaw technique, but with the pieces glued onto board instead of the wall. The next stage would be to look for a client with walls, and then paint, still in jigsaw, an architectural framework related to the proportions of the space available. But this time Jaime was out of luck, or else this ideal client didn't exist. I ended up exhibiting the 8 pictures first in La Coruña, then in Marbella a few months later.

The Coruña exhibition was a flop, but a Galician friend in England had lent us his house near town. There I fell in love with Galicia and painted my first Galician picture.

Something unthinkable happened in 1986. I stopped painting to write a book, got addicted to writing and didn't pick up a paintbrush till 1990. When I started painting again, in oils, we had already made the difficult decision to emigrate to Galicia. Just as difficult was relearning to paint, but little by little I gathered momentum. If painting is a whole universe, we painters are very small stars. Painting made me suffer for my defection to a rival art.

Recently, it appears, I've attempted to merge the tendencies, both technical and thematic, of the various stages of my career. I say "it appears" because I certainly haven't done so intentionally. I paint as I do because that's how it comes out. I've never had the reserves of control to be able to pick and choose.

In front of me on the wall is an unfinished picture. Or rather... for me it's unfinished. My wife, a good painter and a good judge of painting, tells me not to touch it. I've been ages painting it. It's exhausting me to look at it, let alone go on with it. My wife isn't wrong, but neither is she right. In painting there's no right and wrong. I'll go on with it because I wouldn't sleep well if I didn't.

Michael Andrews used to say: "A picture of mine is finished when someone takes it away from me." With his existential, almost Zen refinement, he worked so that each brushstroke should represent a step forwards. Hence the hour-long wait - each mark had to conform precisely to his vision of the truth. I'm not like that. I paint blindly; I never know what I'm looking for until I find it. A picture of mine is finished when I've surprised myself.

I start off with a subject that stimulates me. Sometimes - a nude or a portrait - the stimulus comes from a single image, but more often from the fertilisation of one visual idea by another, or others. The search for the point of departure nearly always gives me a lot of anxiety, because it has to be robust enough to take the weight of, say, 100 hours of work.

What I like best is being in the middle. I'm aware that I've chosen a playful, pleasurable, childish way to live. I try to prolong this stage as much as I can. But inexorably the picture itself begins to boss me about, while I struggle to understand its mandates. It knows better than me where it wants to go.

Now it's nearly finished, but only nearly. I'm aware that I've chosen a tough, grave, shattering way to live. Why isn't it finished? I don't know. And now the picture has stopped giving instructions. I'm on my own. Painting, in the end, is abstract; we're dealing with a purely subjective balance between shapes, colours, tones, adding up to a whole which involves a spatial interplay. The picture isn't finished because the balance isn't yet there.

Every so often some unknown person asks me: "Aren't you the painter from the School of London?" Well, no. It's been a very long time since I lived in London, and when I did live there we didn't have the title "School". Here we've got magnificent painters: Carpo, Nitodavila, Encinar, Peteiro, Cabanas, Alfonso Abelenda, César Otero, Xoti, Cruz, Laureano Vidal, Diana Aitchison, Chelín, Correa Corredoira, Espona, Julio Sanjurjo, Anne Heyvaert... I prefer to belong to the School of La Coruña.

* * * *

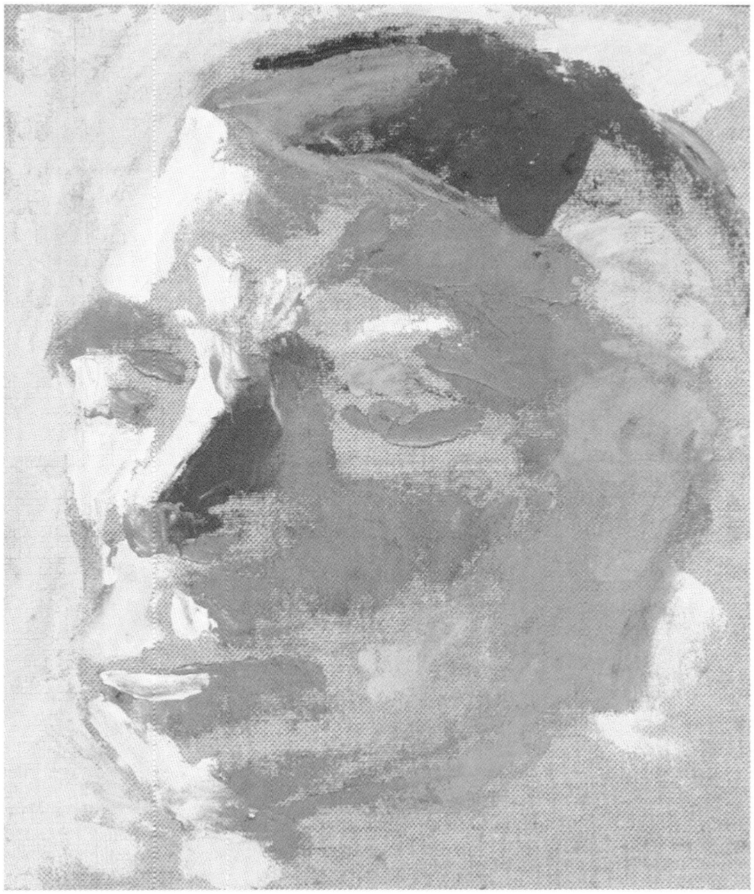

Diana Aitchison: Máscara (retrato de T:m Behrens) 1996. Óleo sobre lienzo. 44 x 36 cm. Colección Chano Gascón.

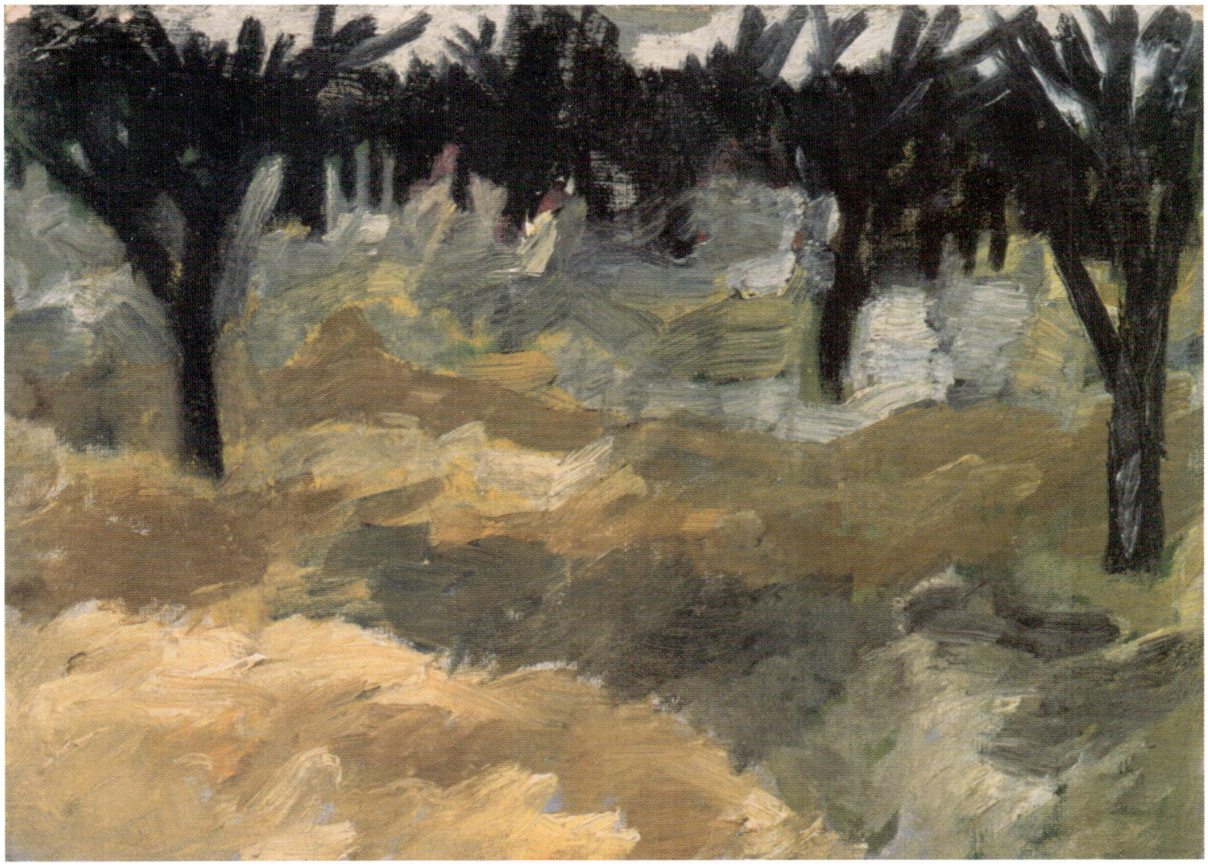

Árboles negros. 1952. Óleo sobre CP. 40 x 30 cm.

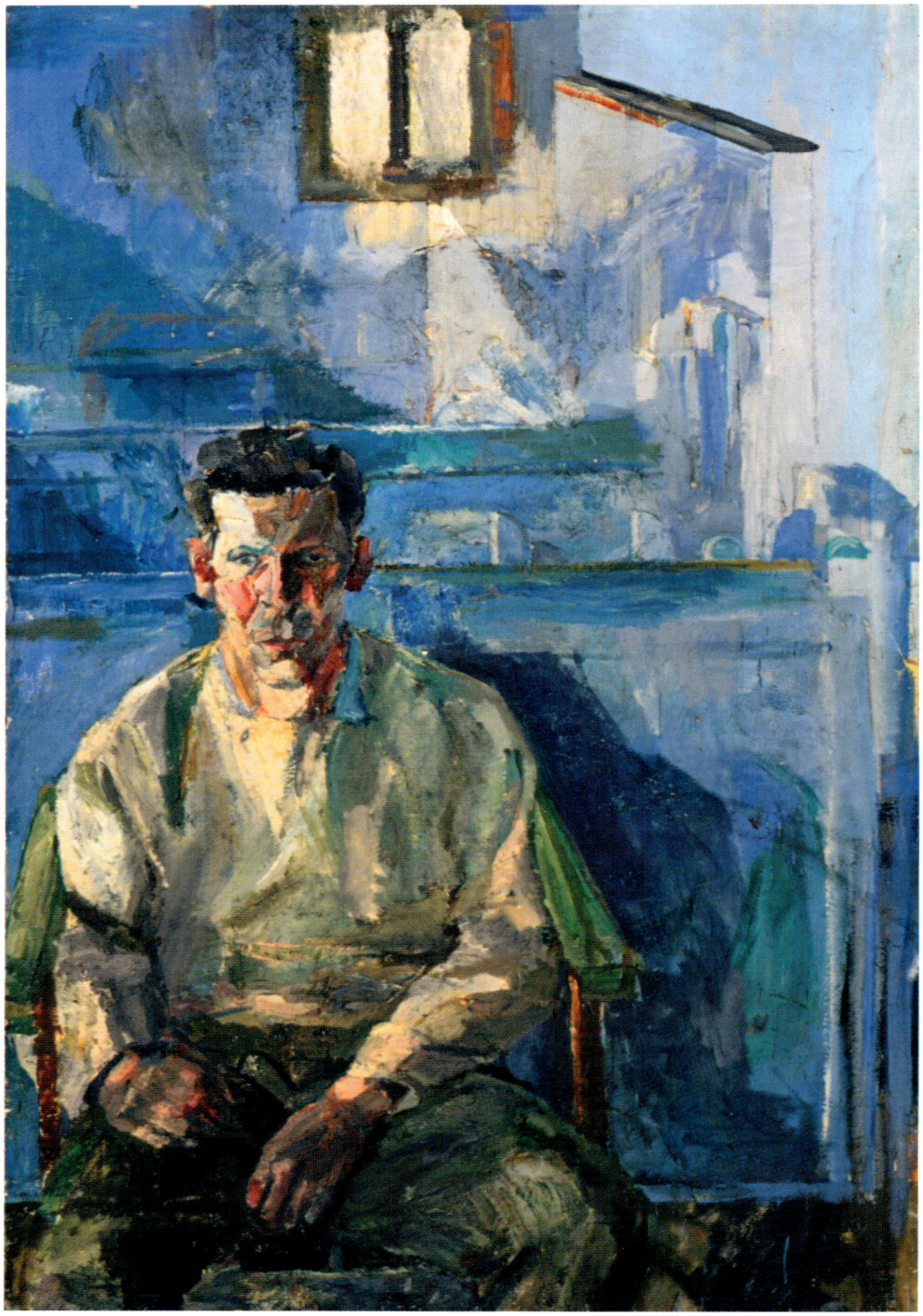

Retrato de Michael Andrews. 1962. Óleo sobre tabla. 165 x 110 cm.

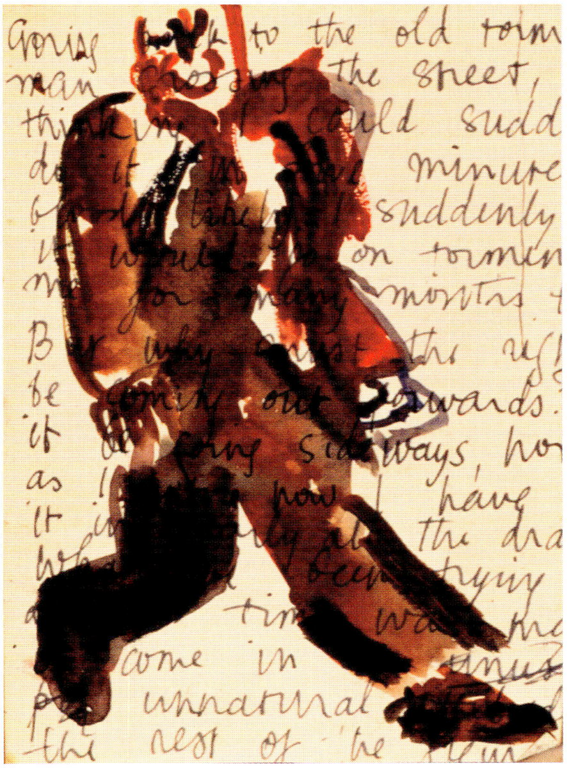

Boceto-paseante. 1959. Acuarela y tinta sobre papel 10 x 15 cm.

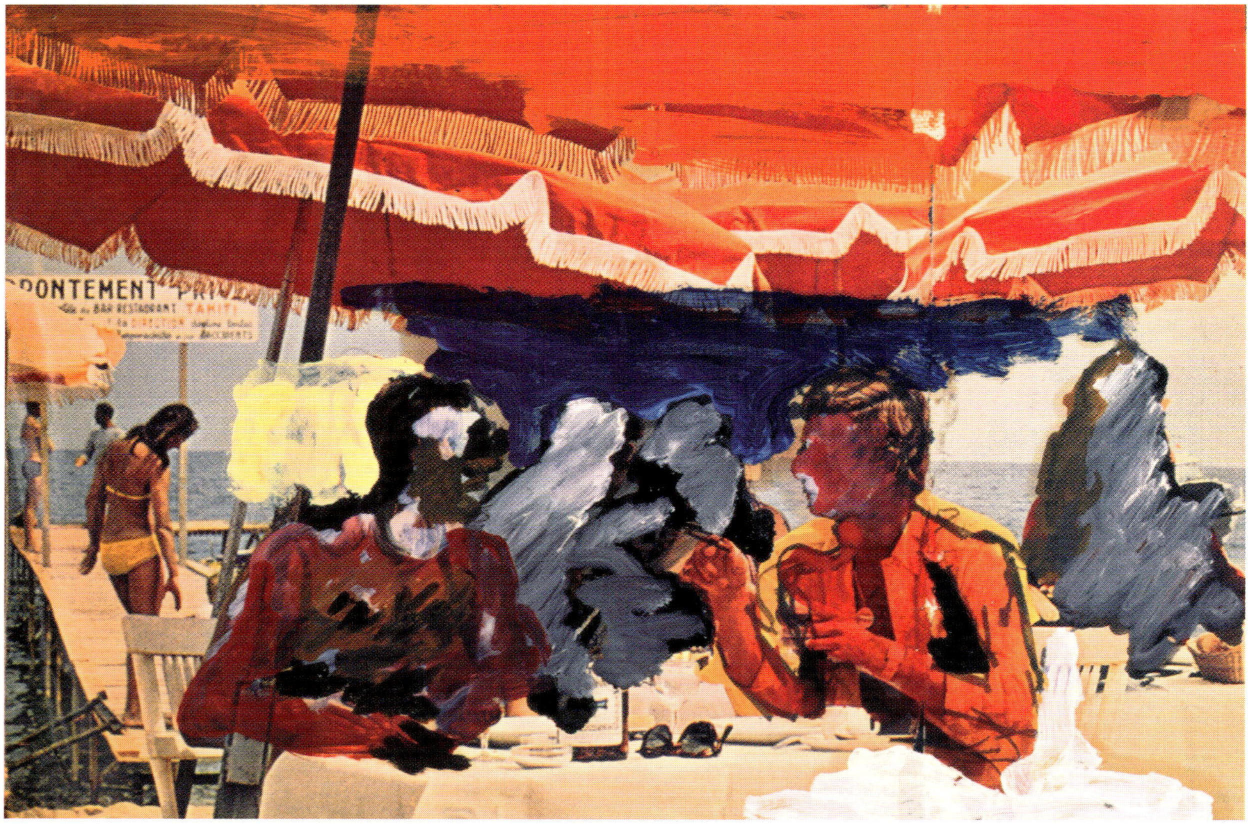

En Chipre. 1968. Óleo sobre fotografía de revista. 34 x 24 cm.

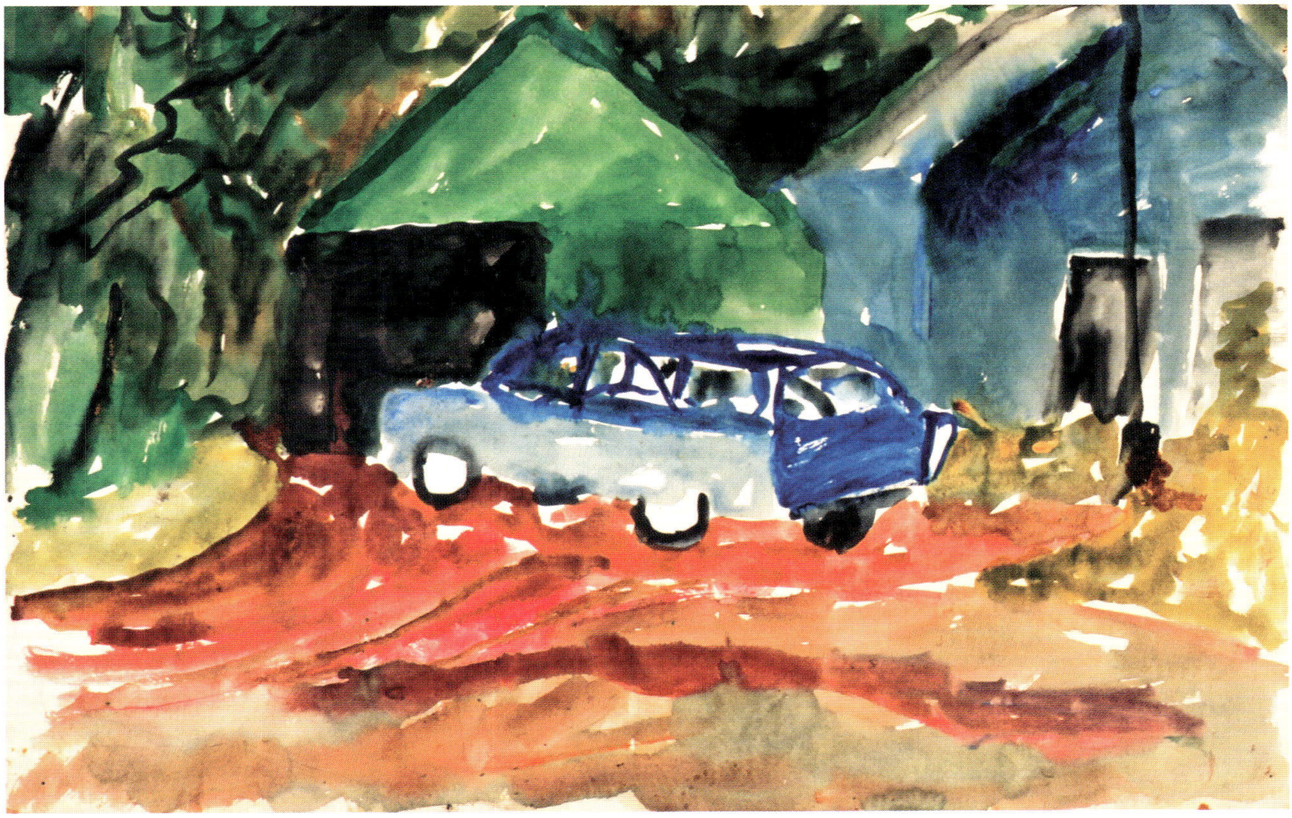

Garaje. 1966. Acuarela sobre papel. 50 x 33 cm.

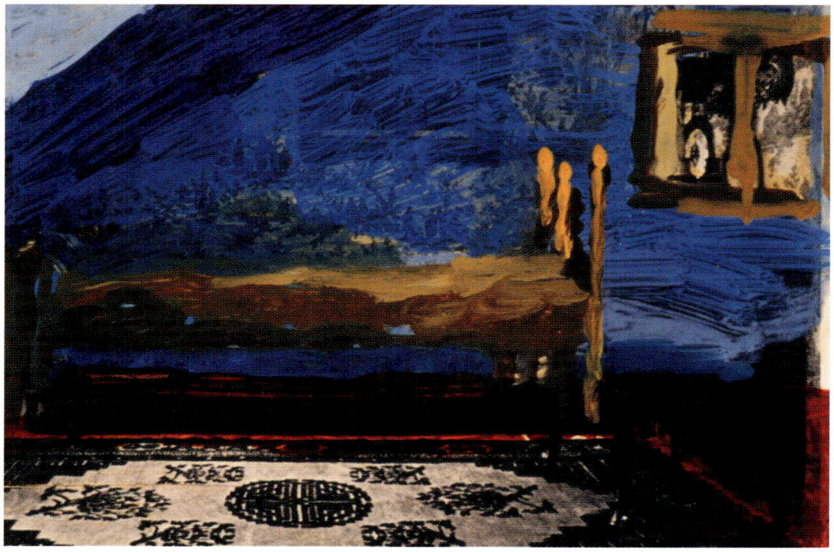

Sin título. 1967. Óleo sobre fotografía de revista. 21 x 15 cm.

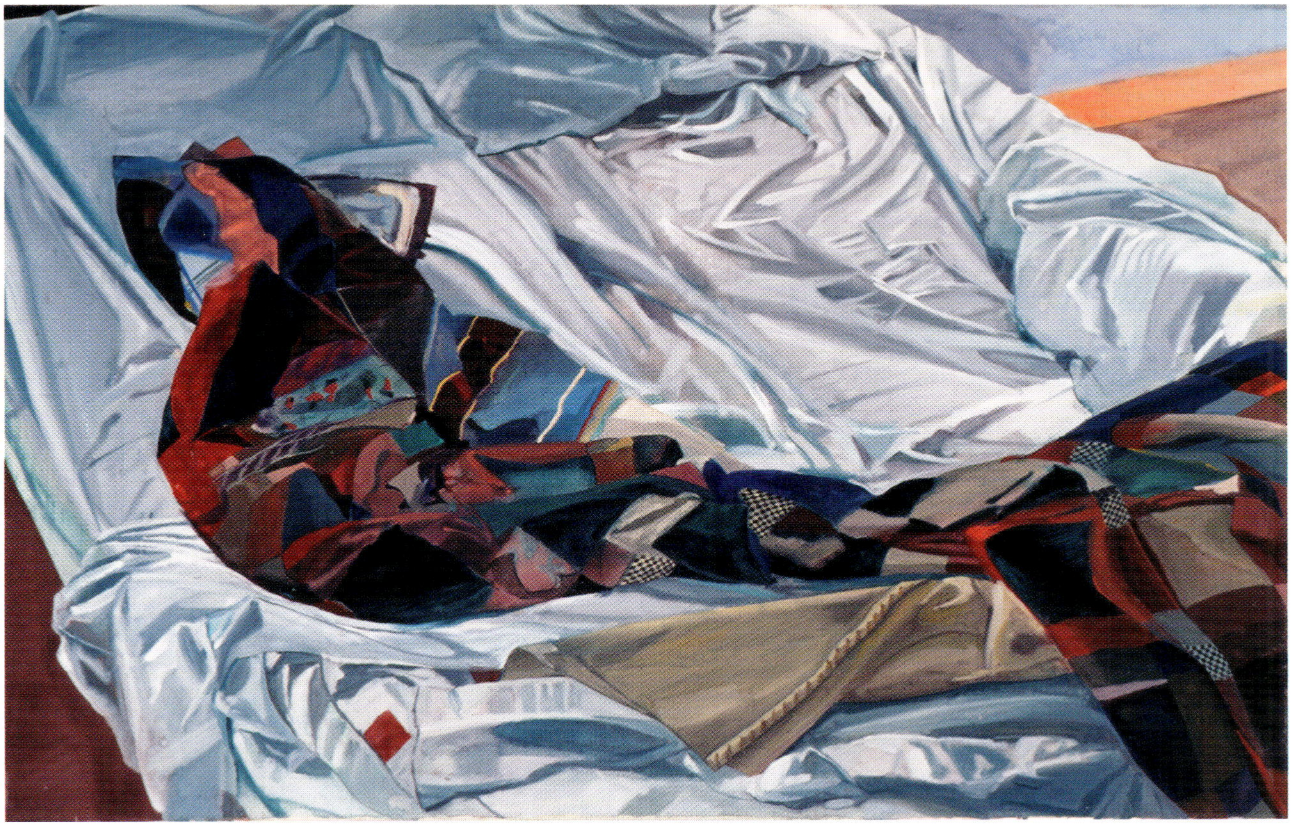

Cama italiana. 1970. Acrílico sobre lienzo. 120 x 80 cm. Colección Diana Aitchison

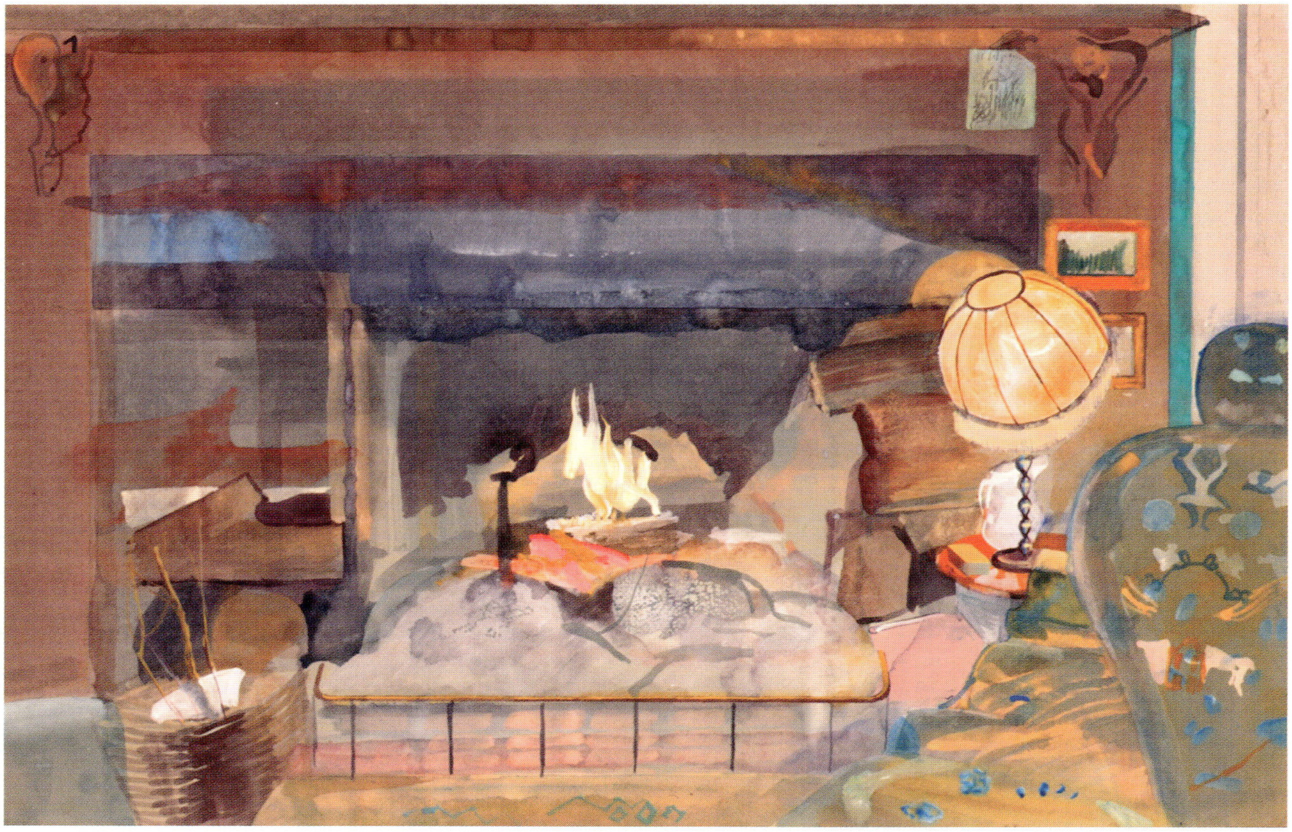

Boceto, Chimenea. 1980. Acrilico sobre papel. 77 x 52 cm.

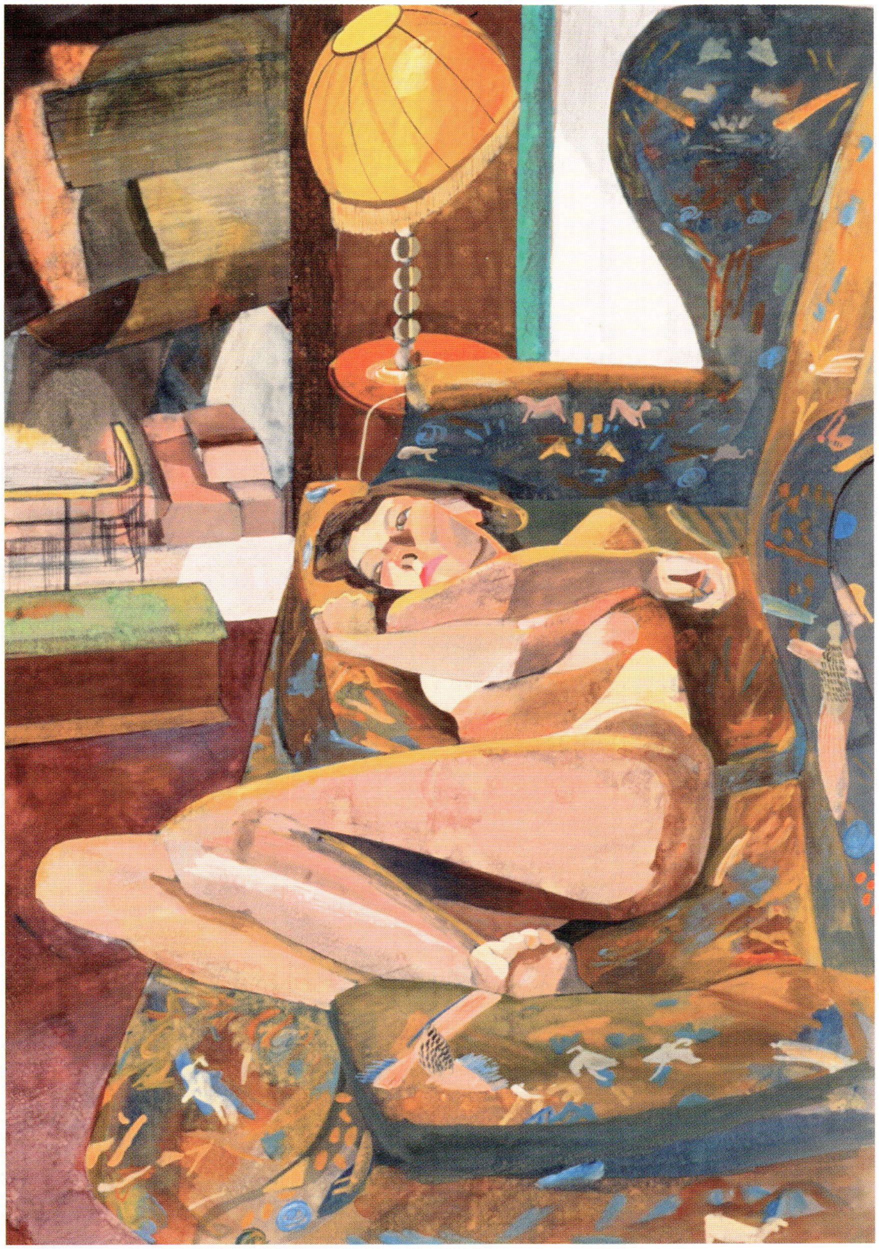

West Lodge. 1980. Acrílico sobre papel. 78 x 52 cm.

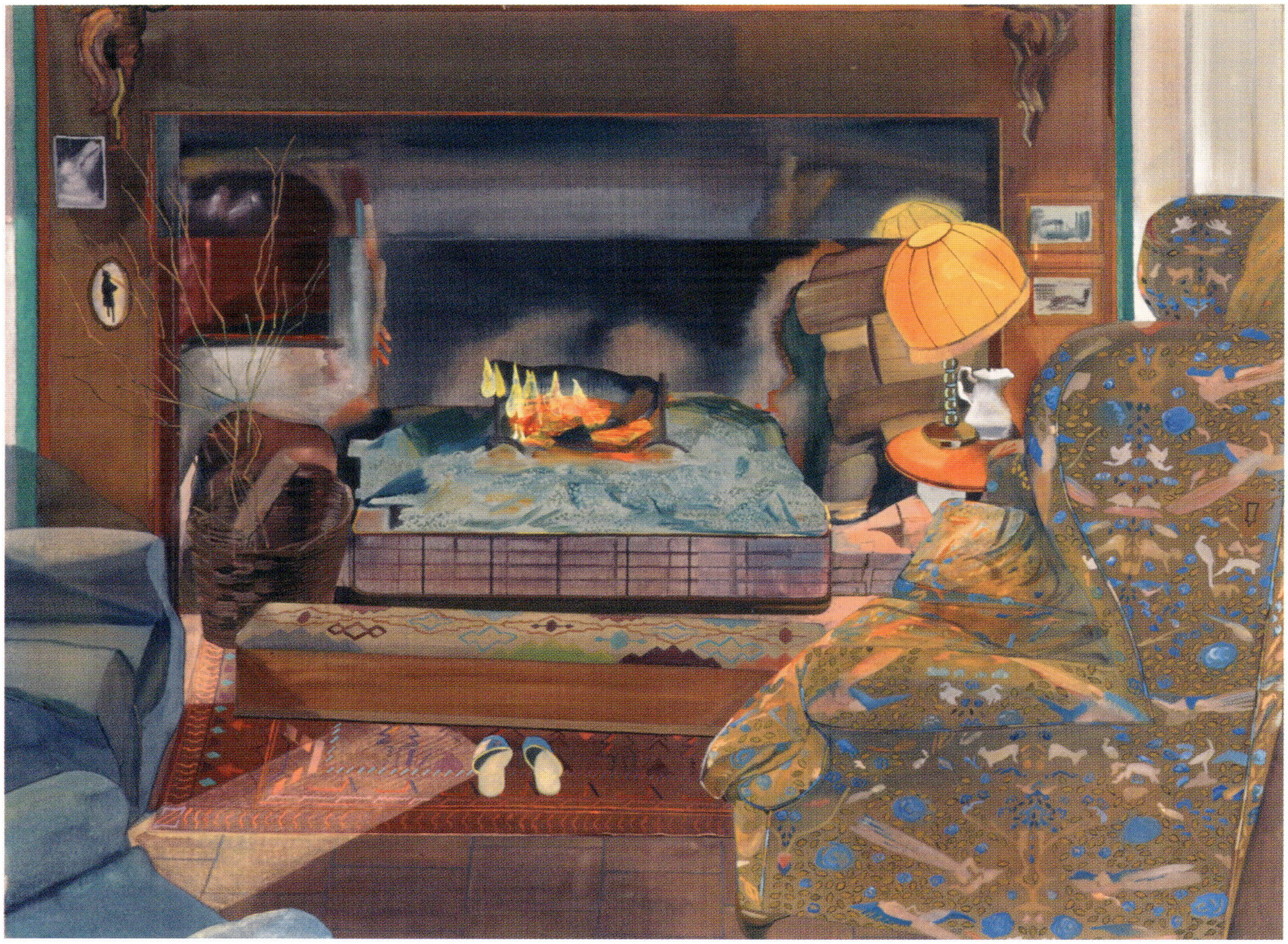

Chimenea. 1980. Acrilico sobre lienzo. 110 x 90 cm.

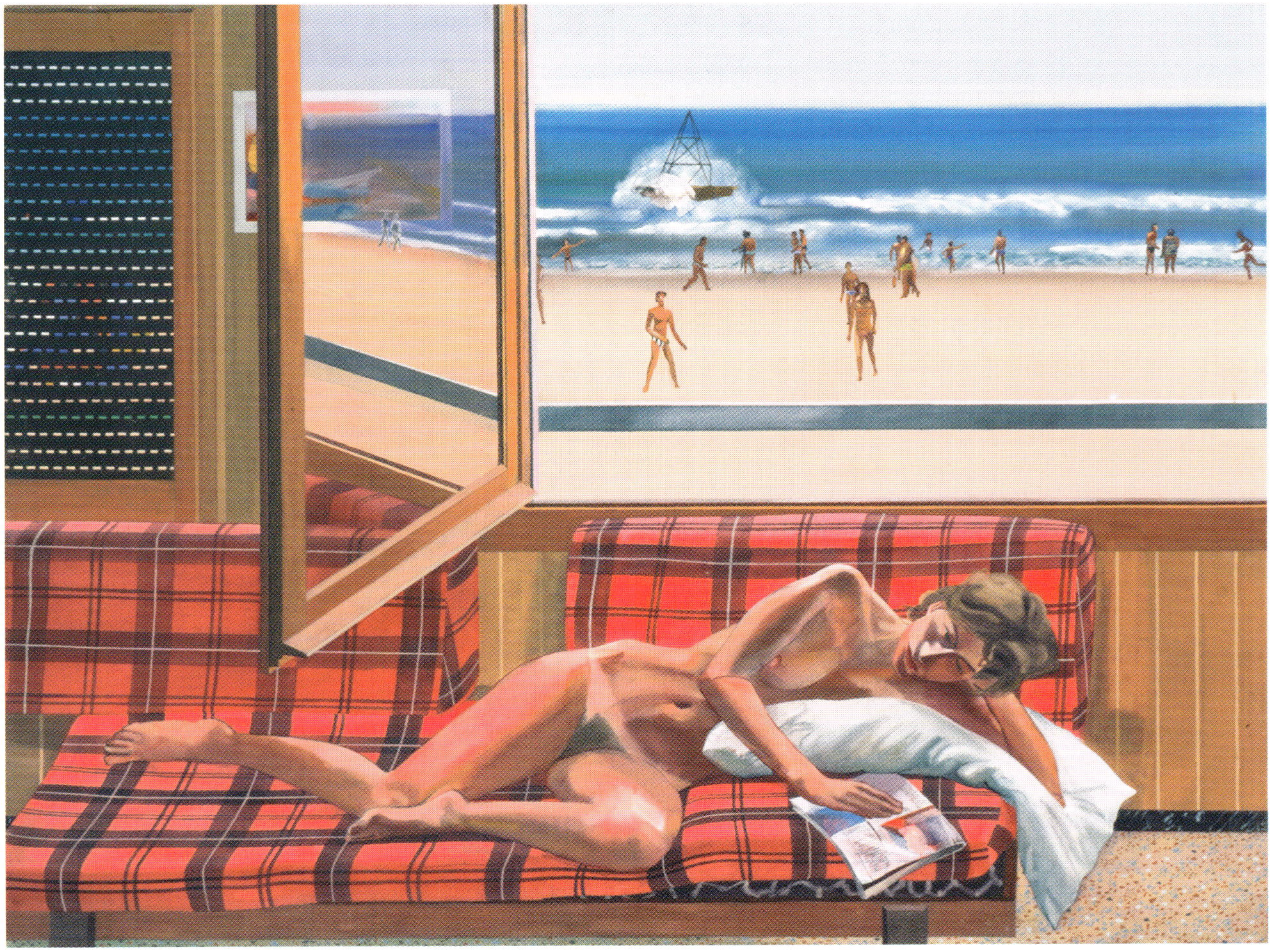

Torredembarra. 1979. Acrílico sobre lienzo. 120 x 90 cm.

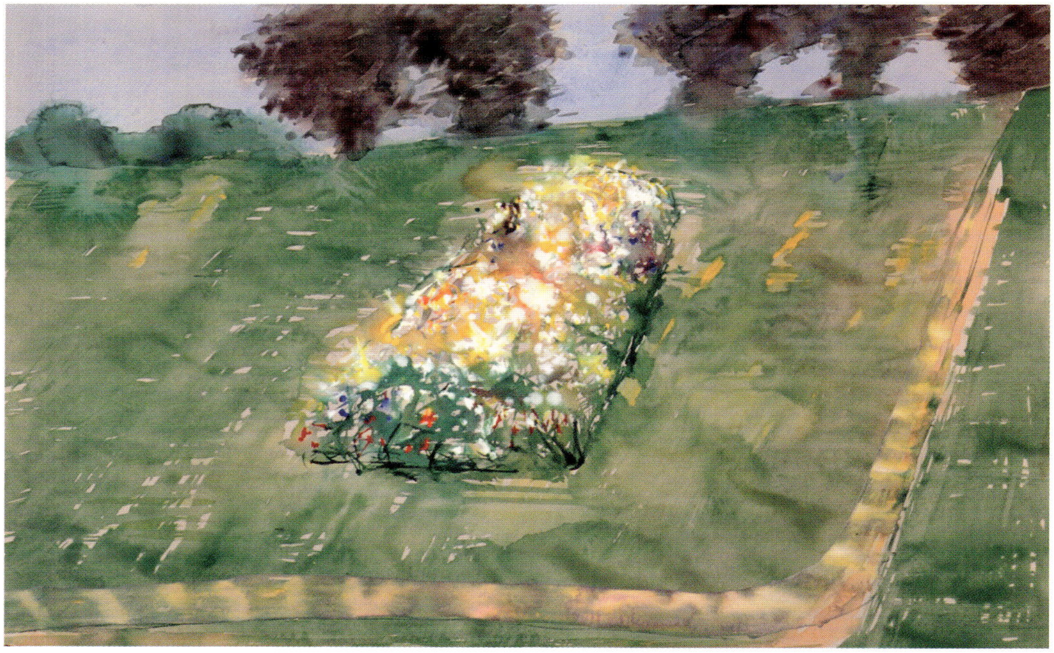

Sepultura. 1984. Acrílico sobre papel. 63 x 50 cm.

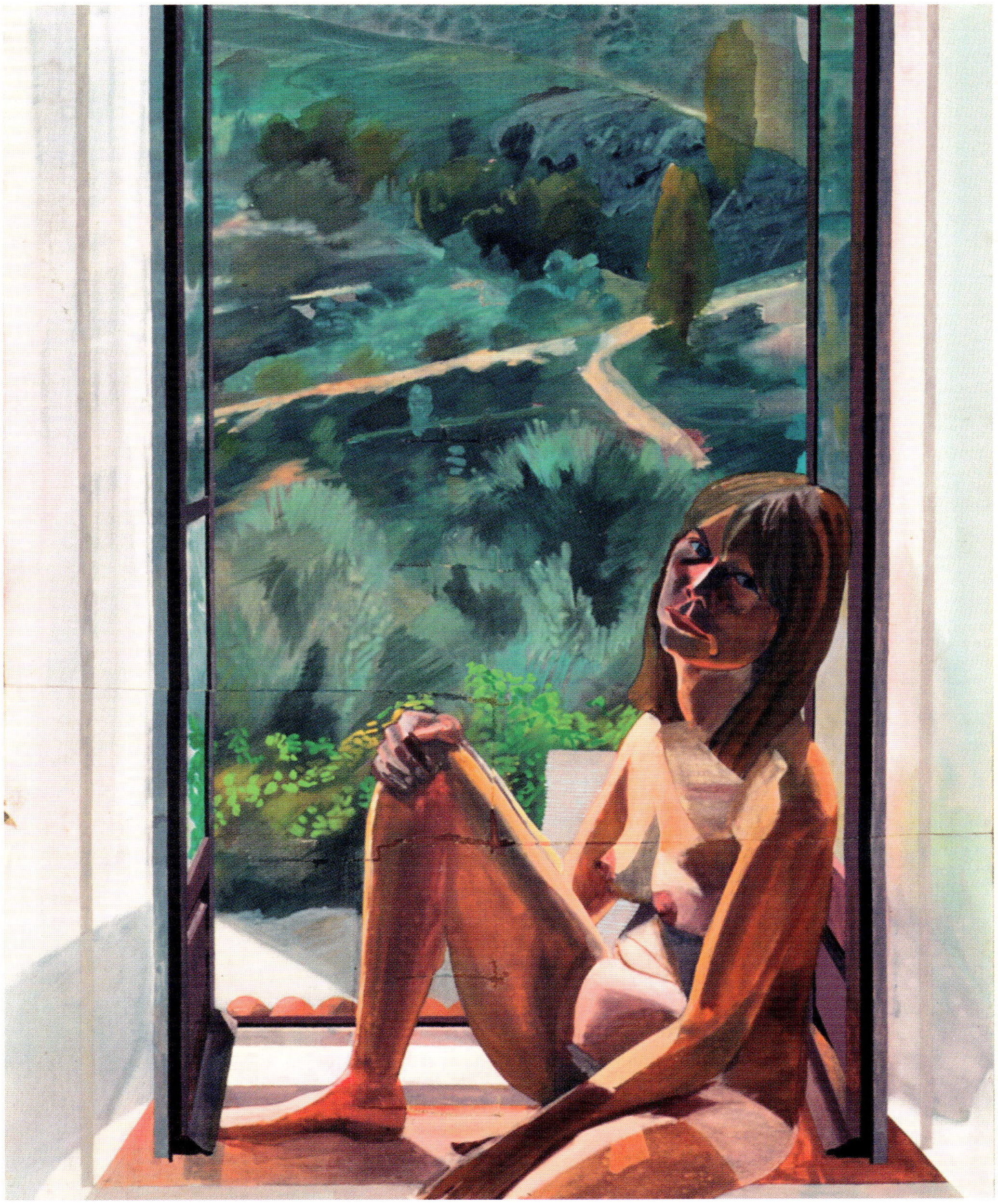

Ventana andaluza. 1978. Acrílico sobre lienzo. 120 x 85 cm.

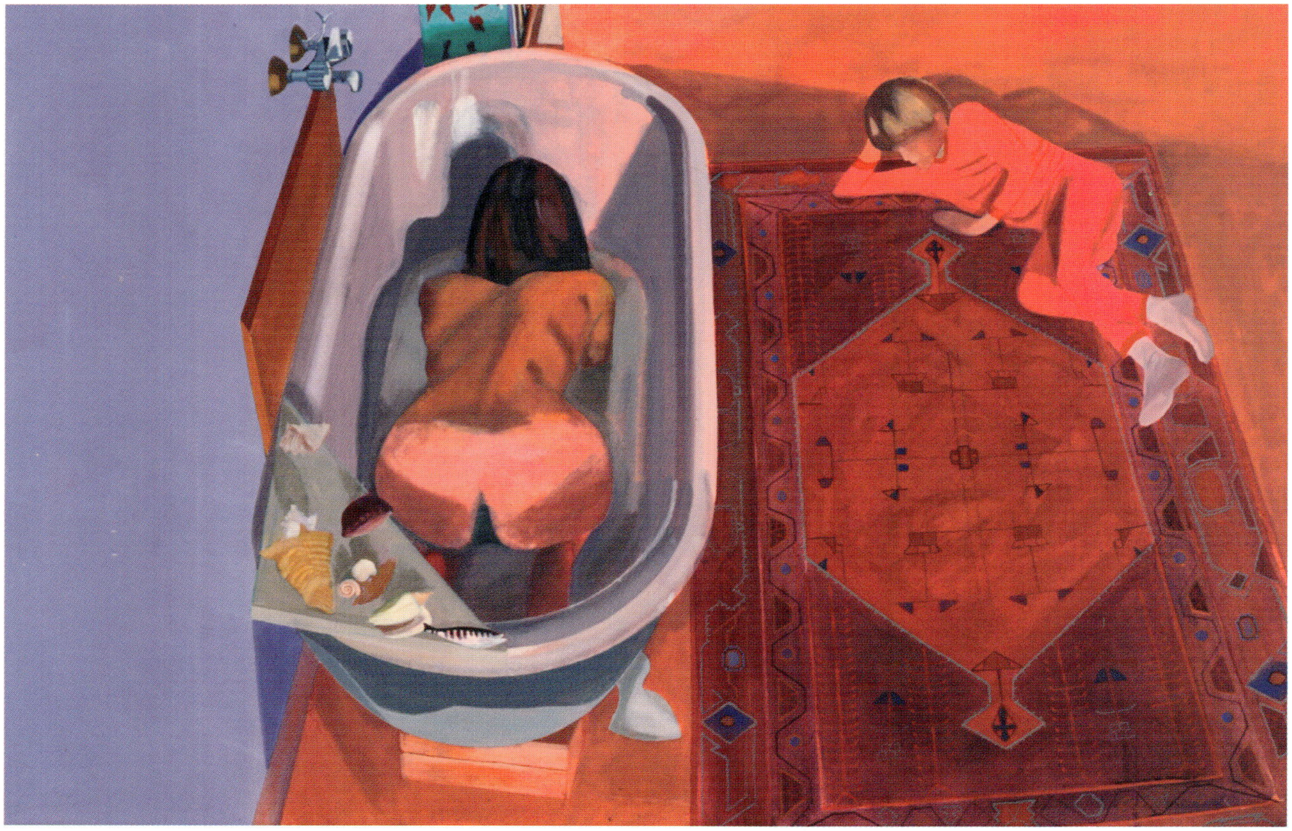

El cuarto de baño. 1977. Acrílico sobre lienzo. 120 x 80 cm.

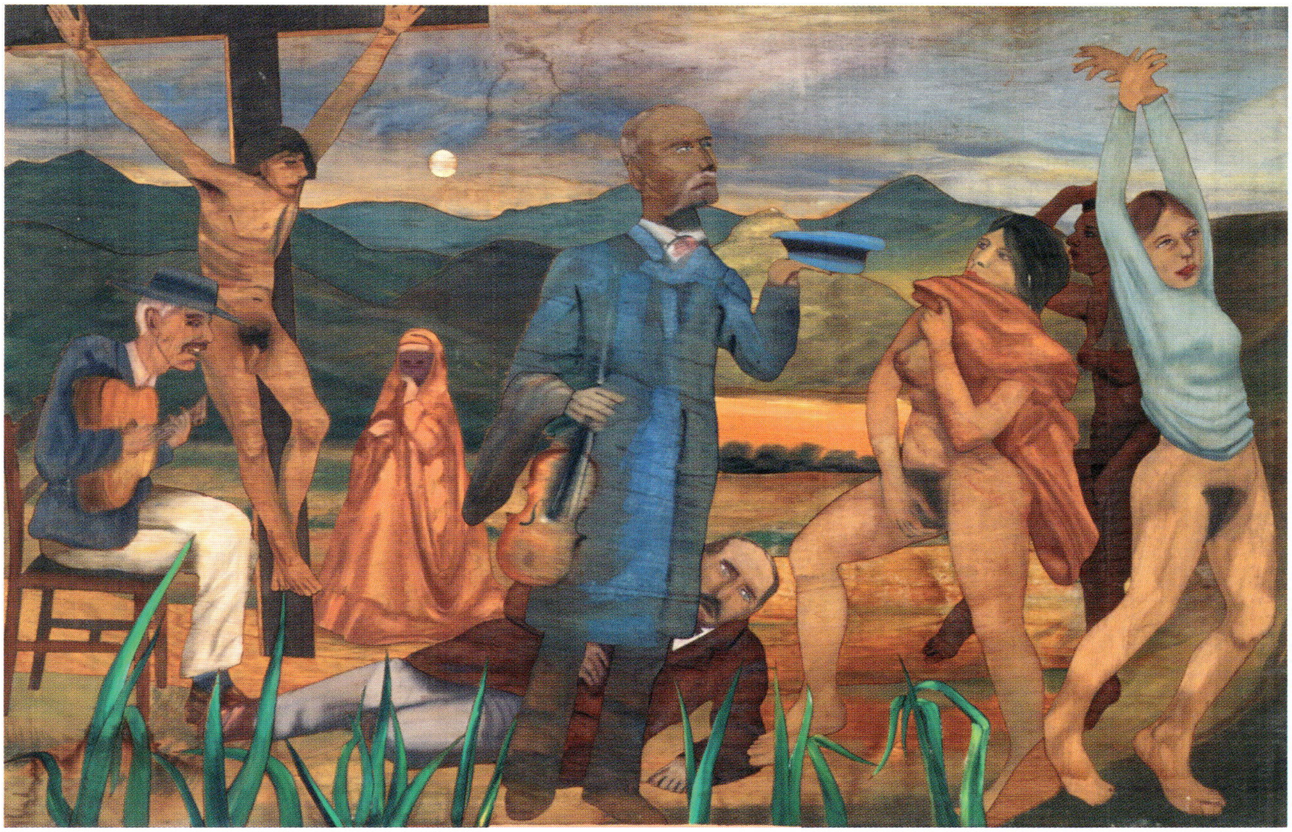

Camino de la romería 9. 1983. Marquetería pintada con acrílico sobre tabla. 122 x 180 cm.

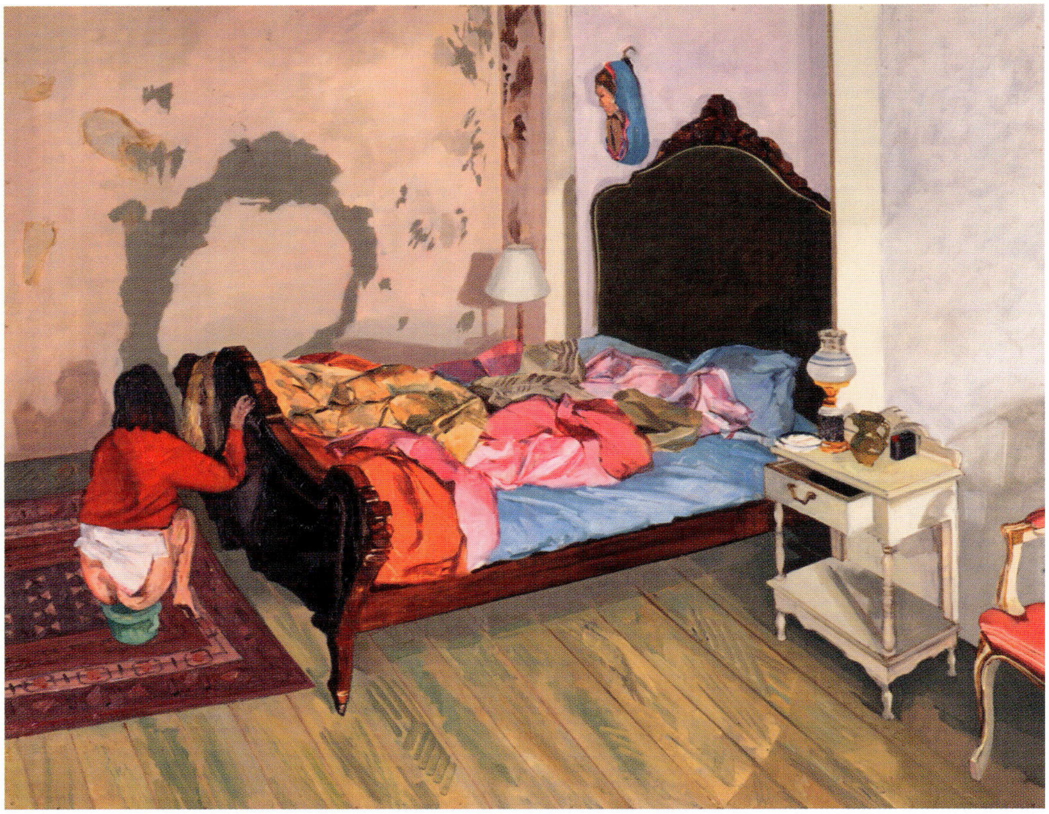

La meada. 1992. Óleo sobre tabla. 153 x 123 cm. Colección Alejandro Vila

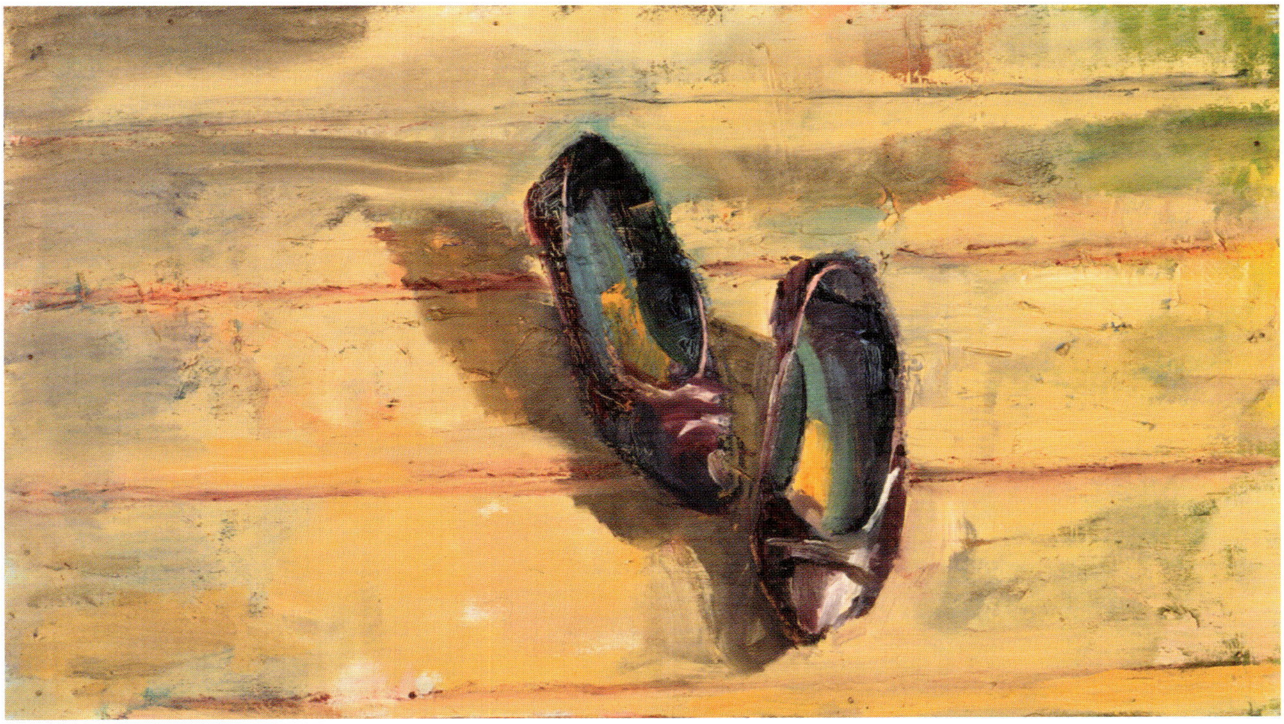

Pequeño poema de amor. 1993. Óleo sobre tabla. 55 x 30 cm. Colección Diana Aitchison

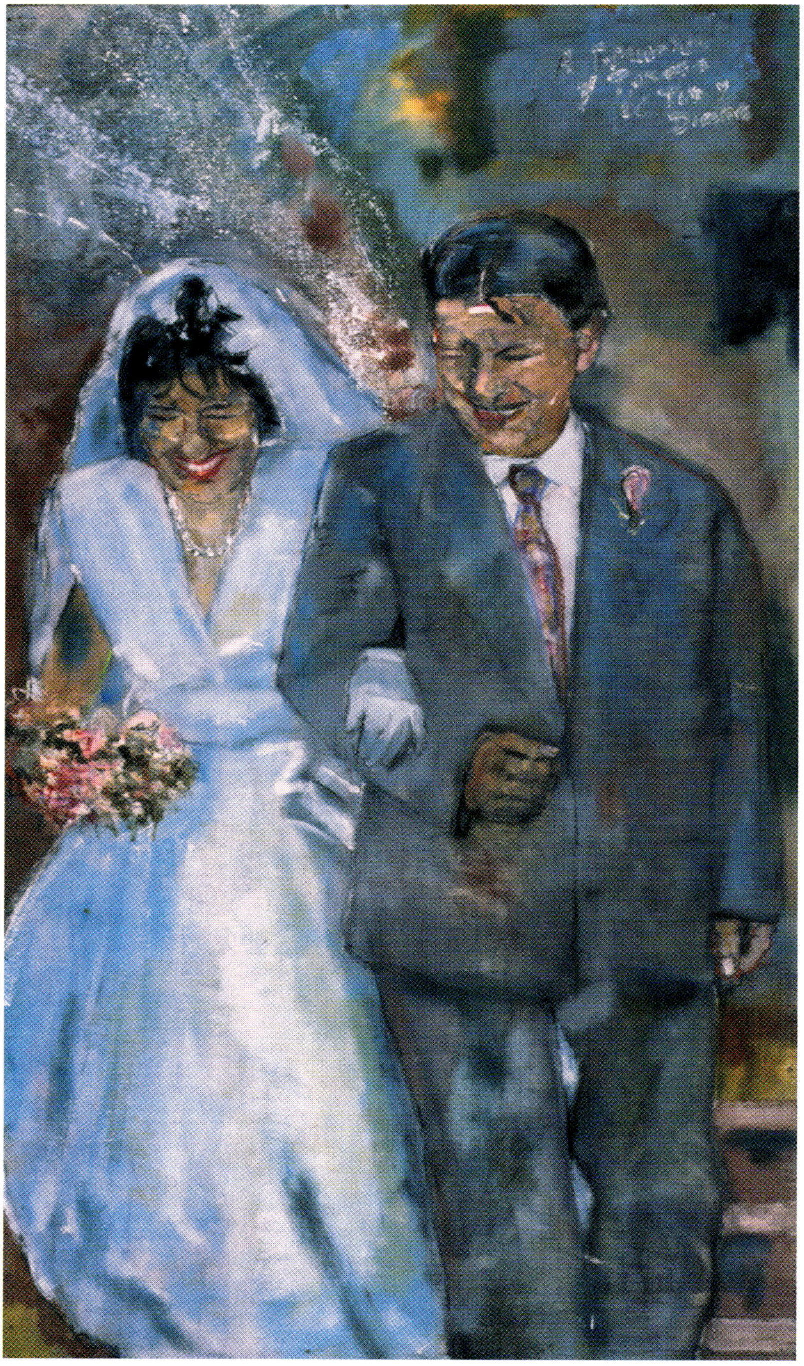

La boda. 1995. Óleo sobre tabla. 122 x 65 cm. Colección Bernardo Couceiro

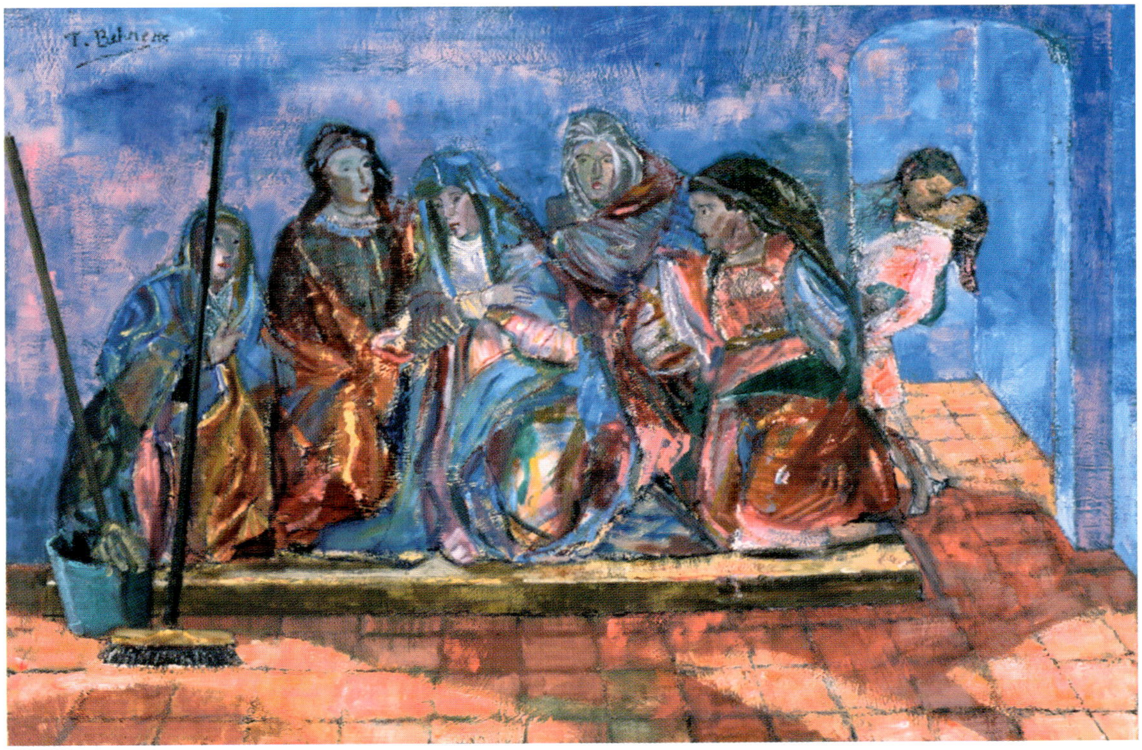

El museo portugués. 1995. Óleo sobre tabla. 122 x 92 cm. Colección Augusto Loroño

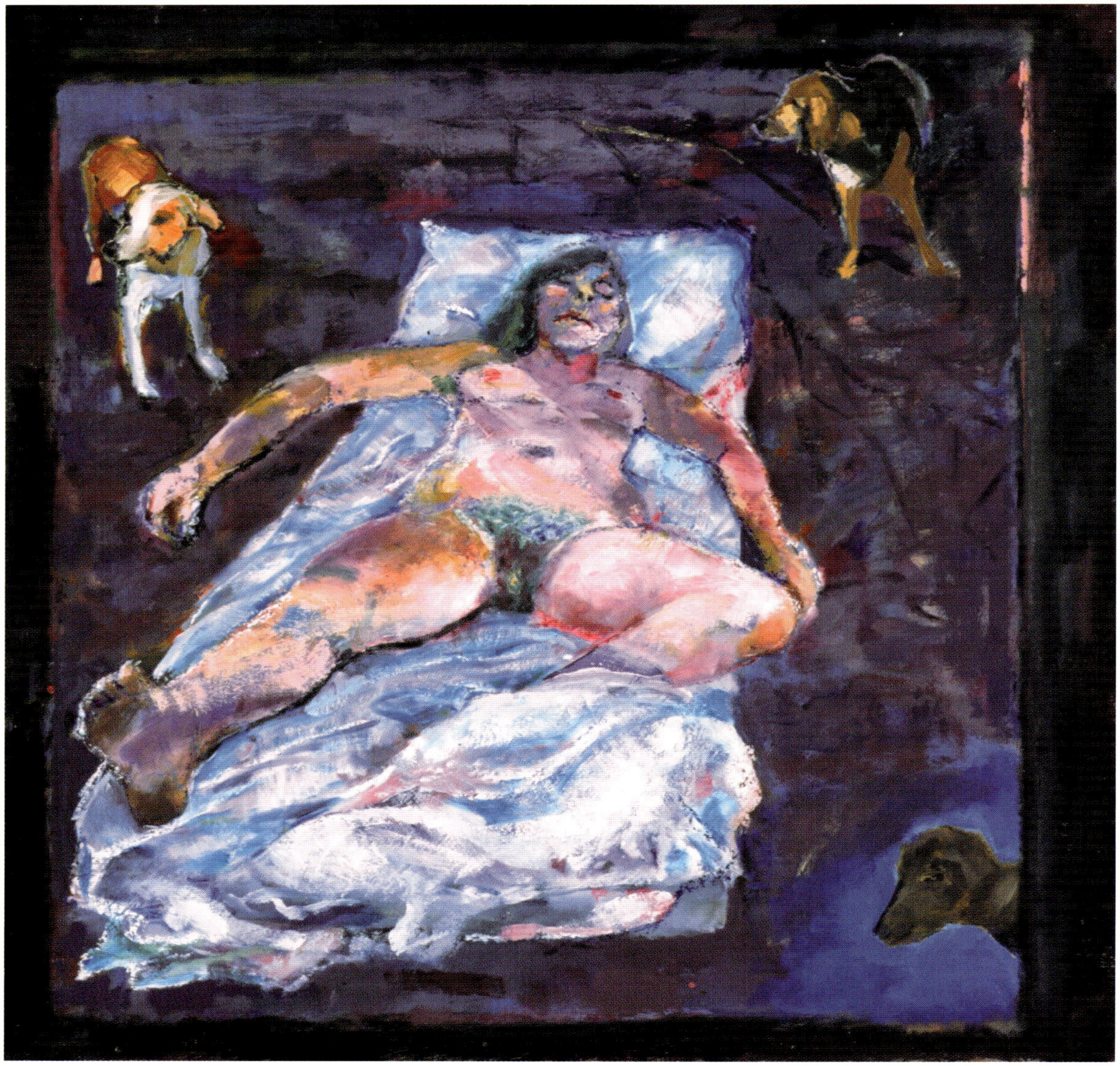

Visión- princesa con perros guardianes. 1995. Óleo sobre tabla. 88 x 87 cm. Colección Augusto Loroño

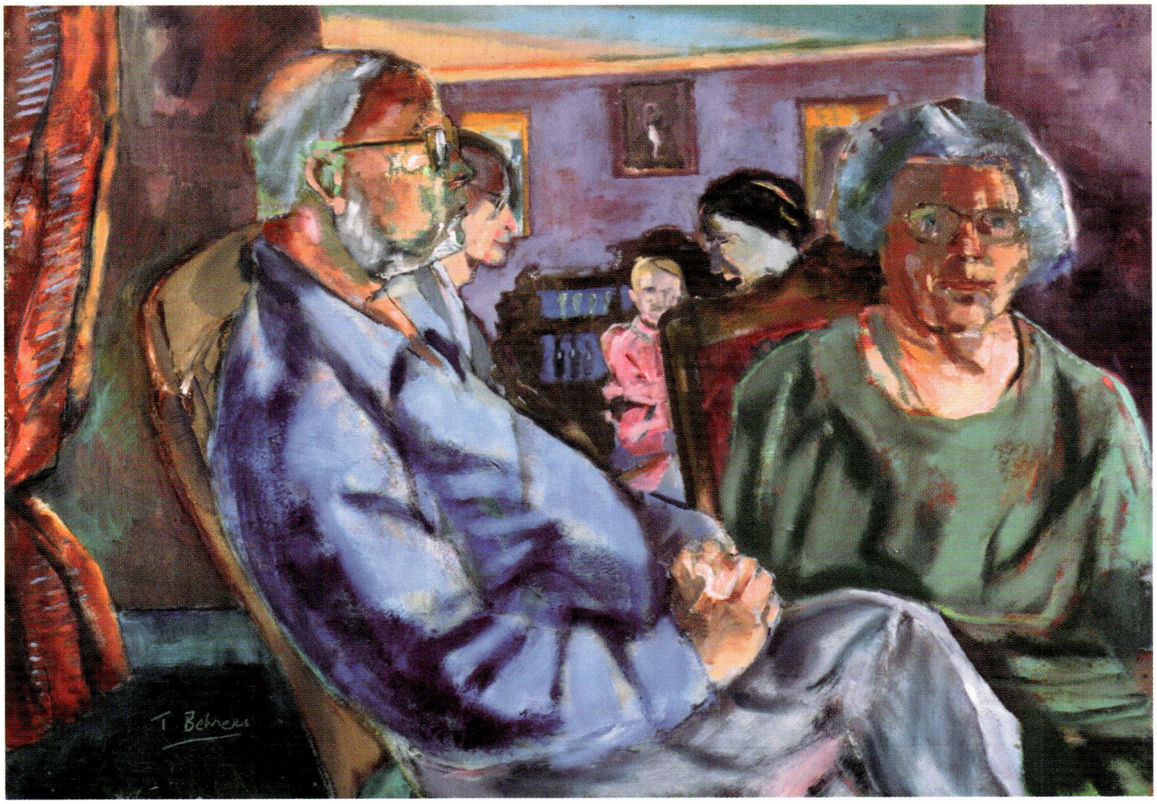

El escenario. 1994. Óleo sobre tabla. 82 x 69 cm. Colección Augusto Loroño

Estudio de pintor. 1996. Óleo sobre tabla. 160 x 122 cm. Colección Manuel Jove

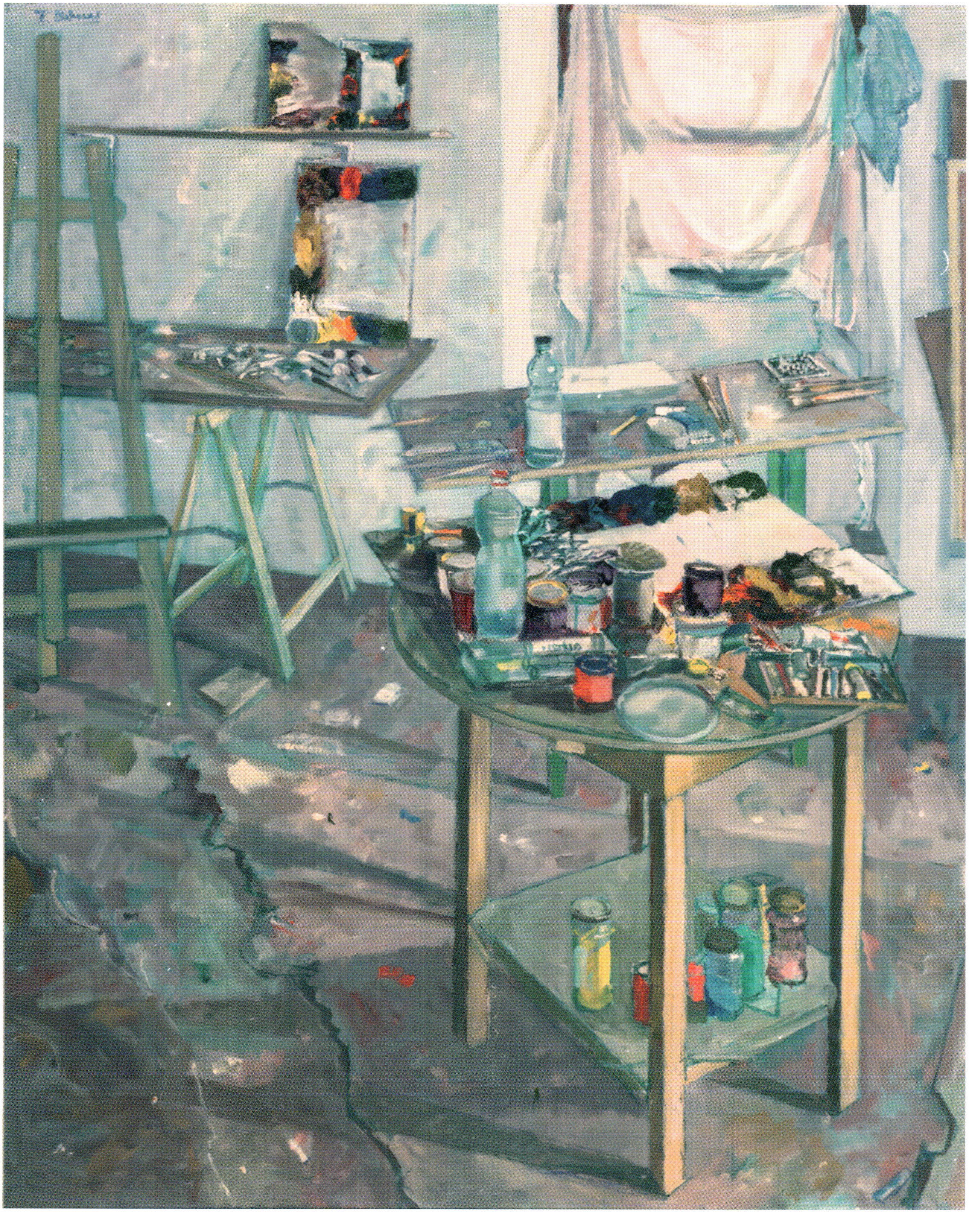

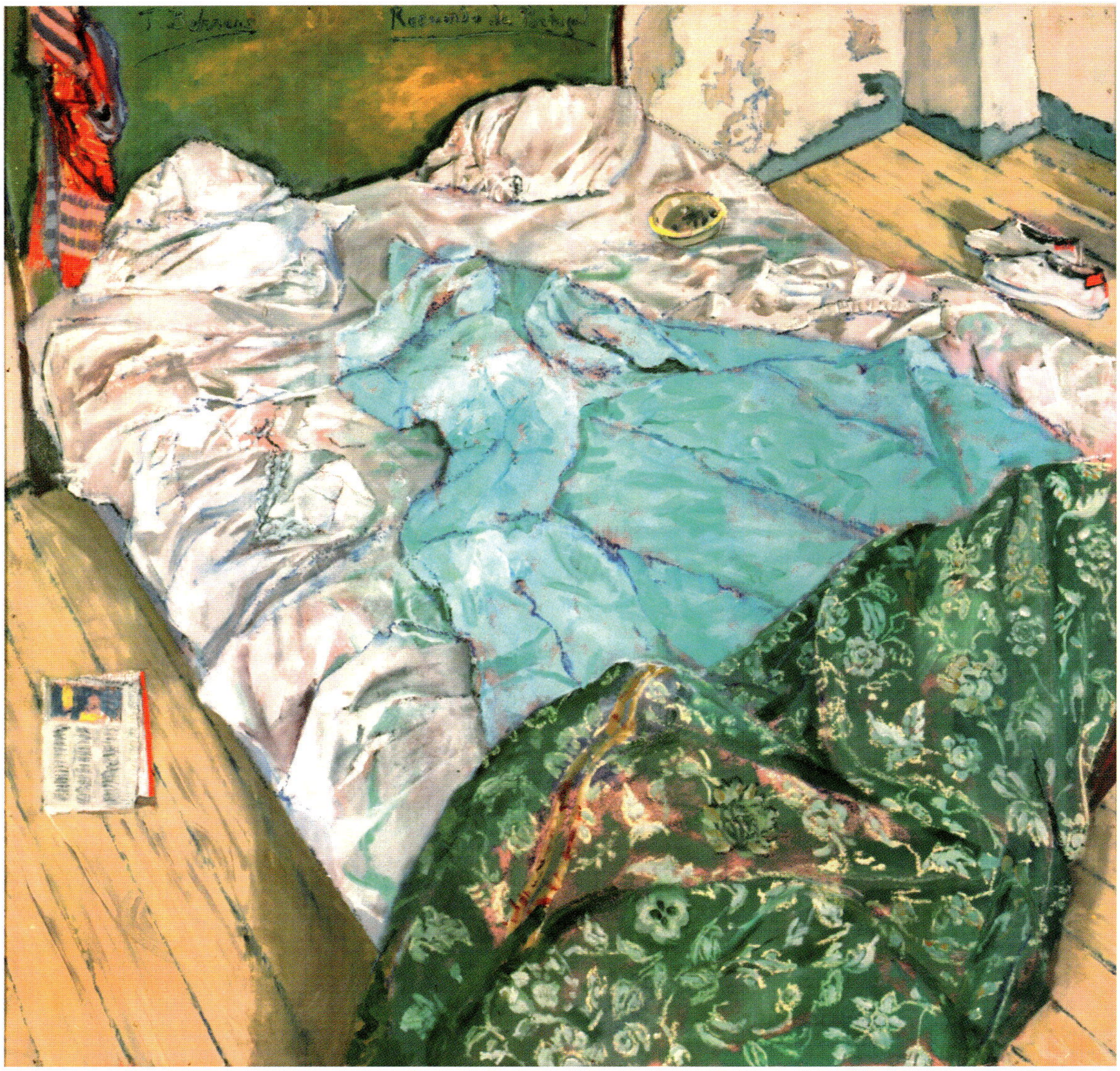

Recuerdo de Portugal. 1995. Óleo sobre tabla. 123 x 123 cm. Colección Manuel Jove

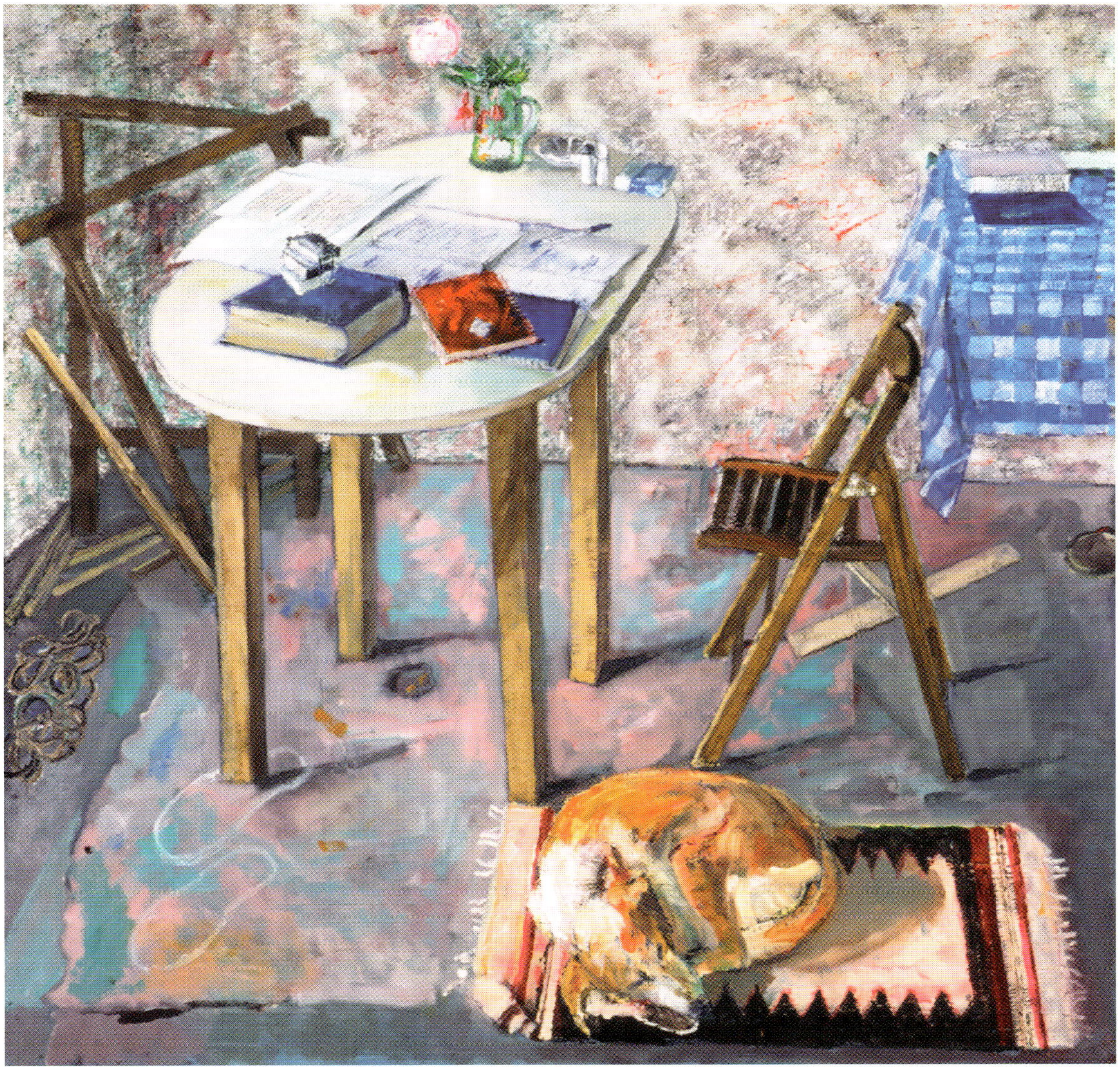

La siesta. 1995. Óleo sobre tabla. 123 x 123 cm. Colección Lola Couceiro

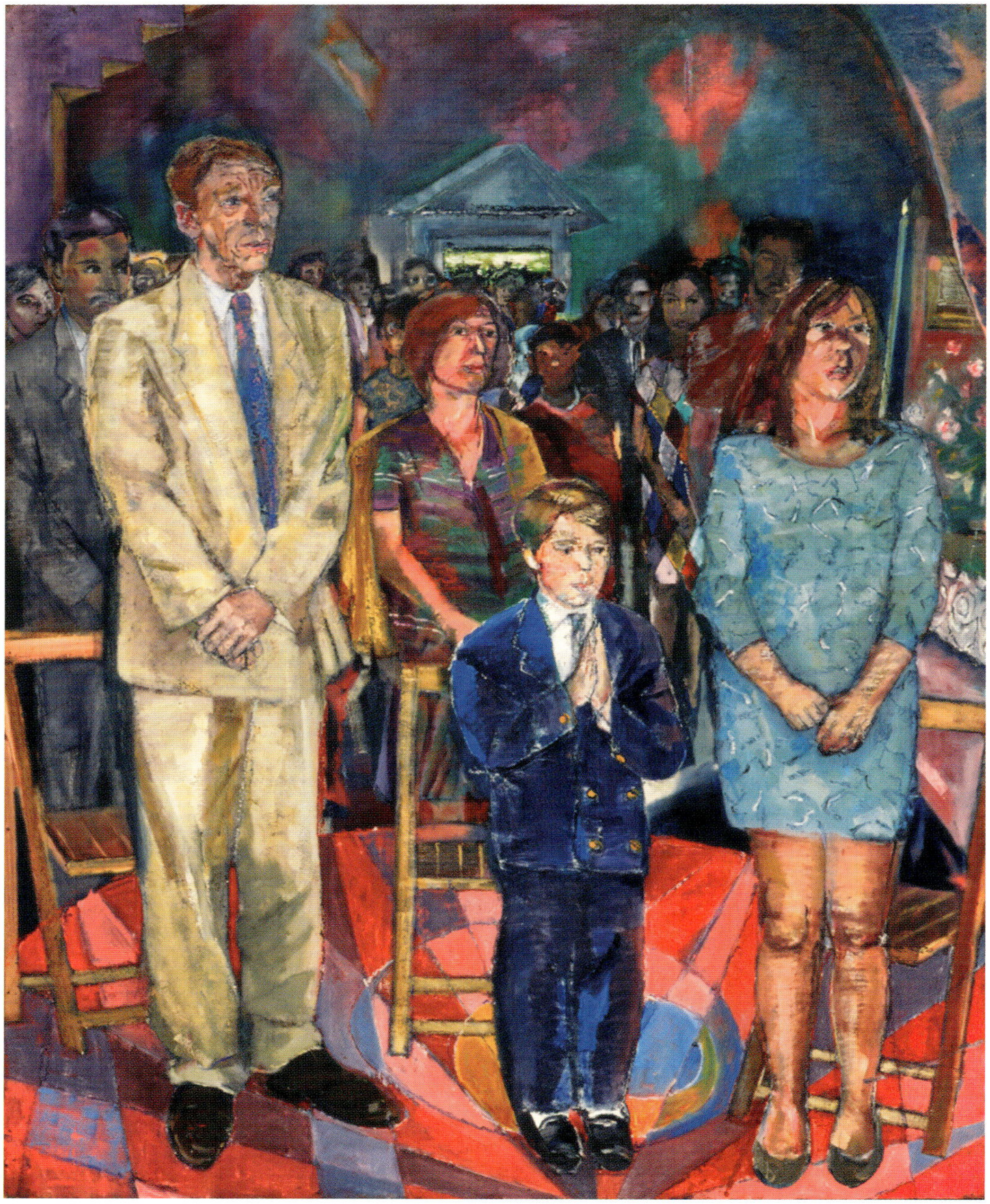

Primera comunión. 1994-95. Óleo sobre tabla. 153 x 123 cm.

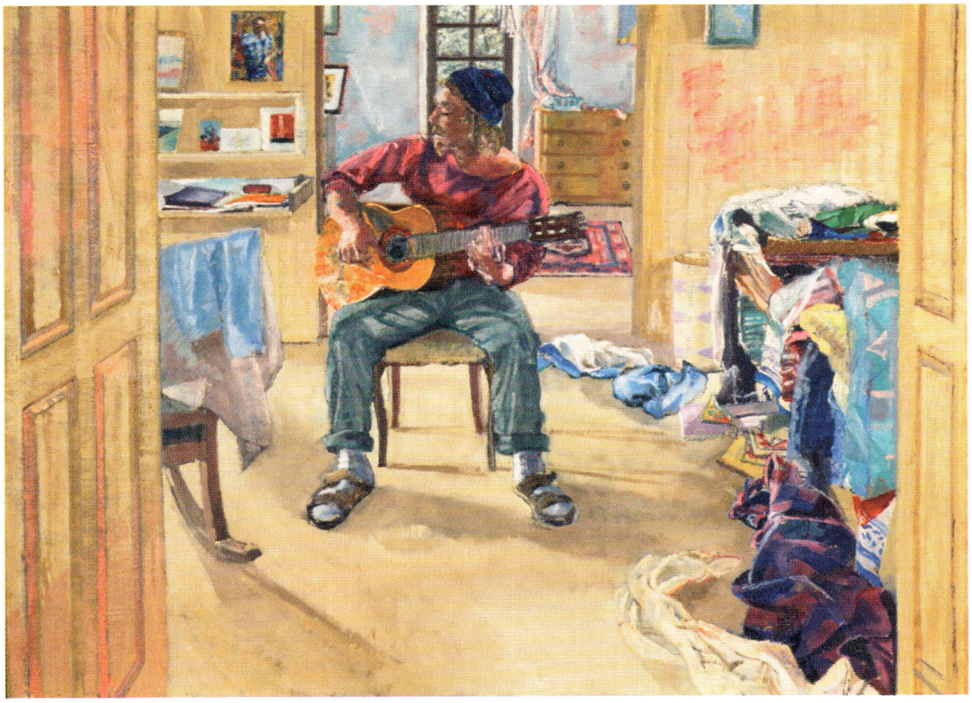

En el piso de arriba. 1995. Óleo sobre tabla. 153 x 123 cm. Colección Gonzalo Otazo

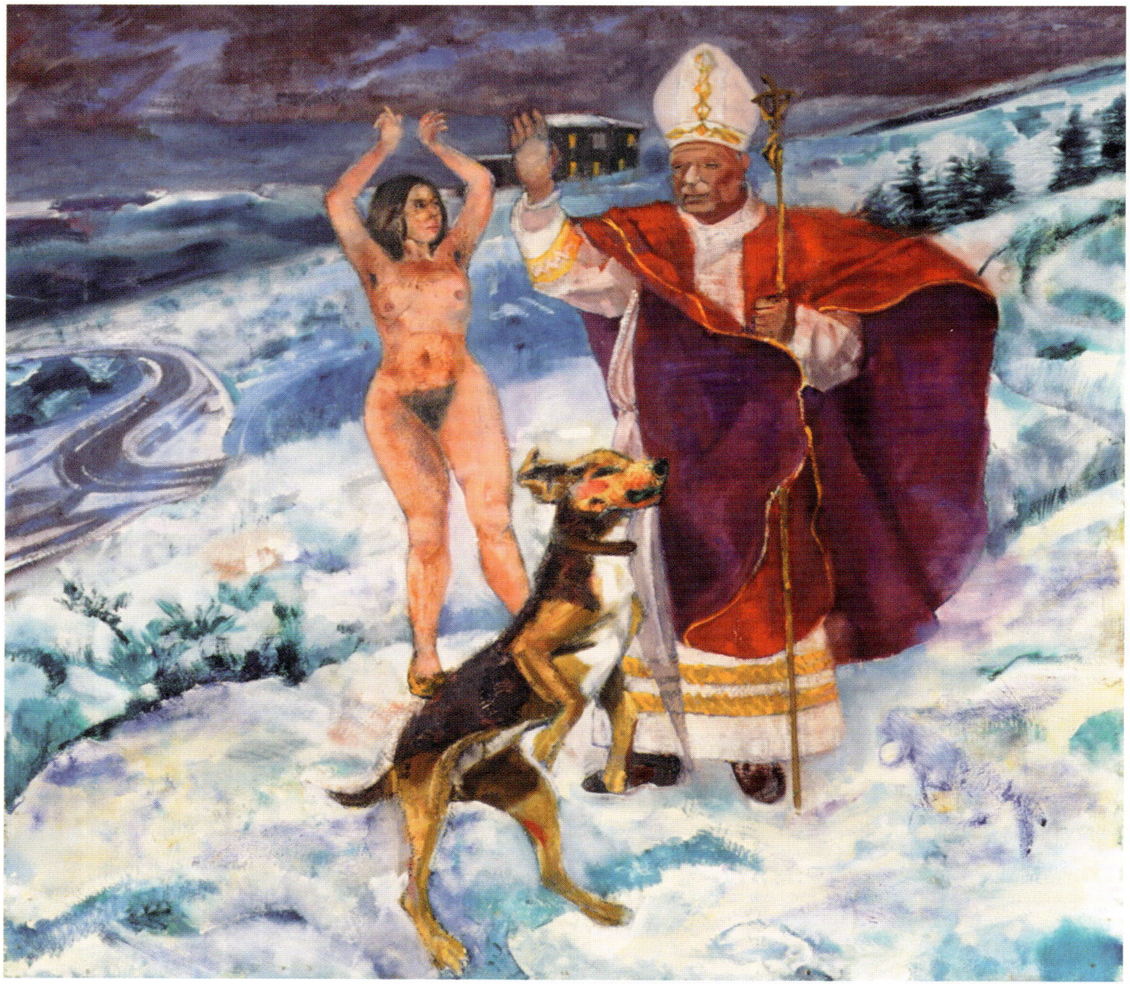

Trinidad. O Cebreiro. Óleo sobre tabla. 110 x 103 cm. Colección Diana Aitchison

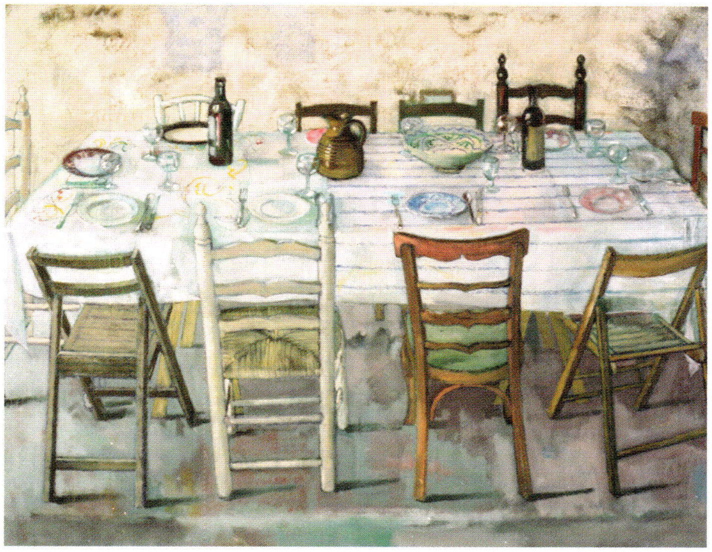

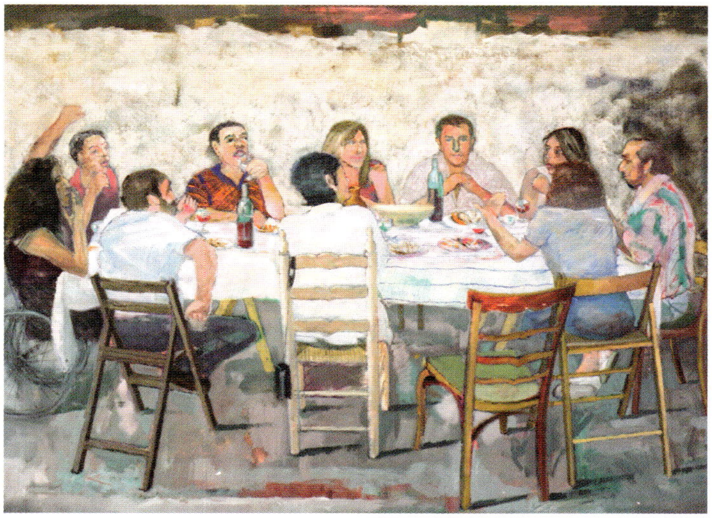

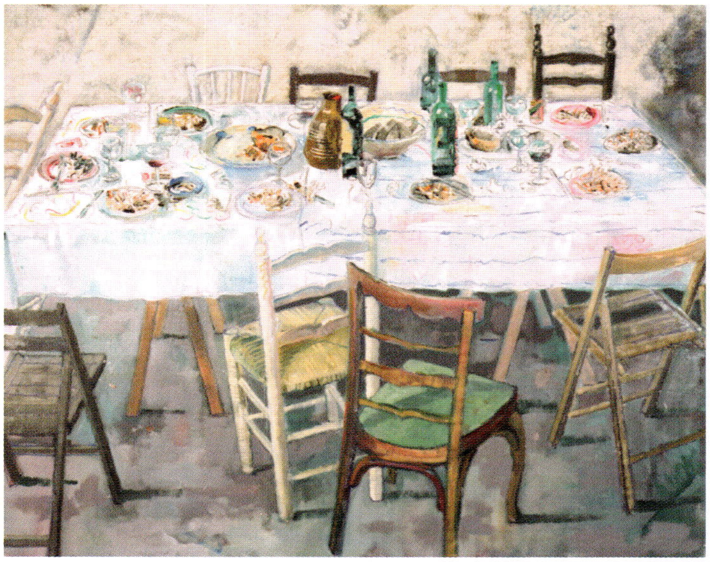

Tríptico vertical

(1) **La comida.** 1996. Óleo sobre tabla. 153 x 123 cm.

(2) **La Comida.** 1996. Óleo sobre tabla. 160 x 123 cm.

(3) **La Comida.** 1996. Óleo sobre tabla. 153 x 123 cm.

Colección José Luis López

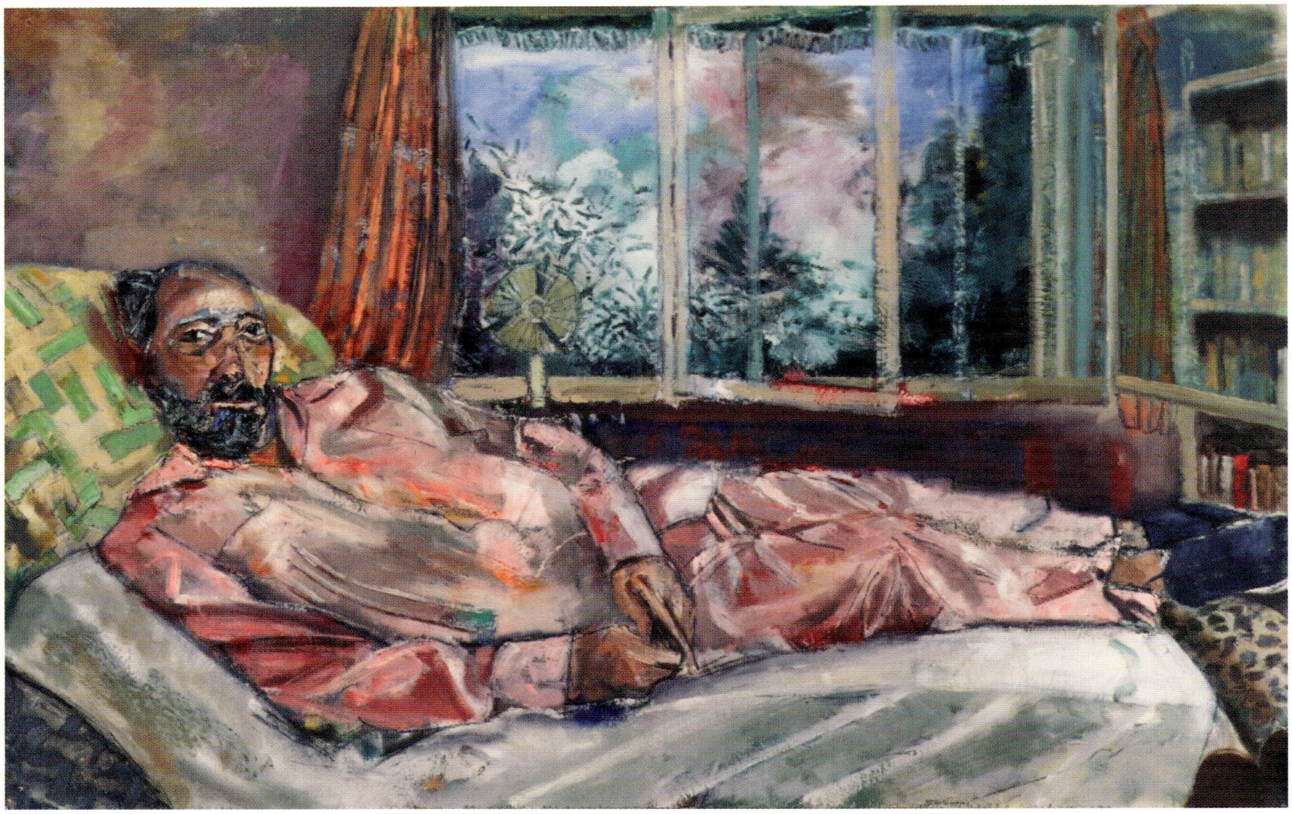

La última cama. 1994. Óleo sobre tabla. 123 x 88 cm. Colección Eduardo Riestra

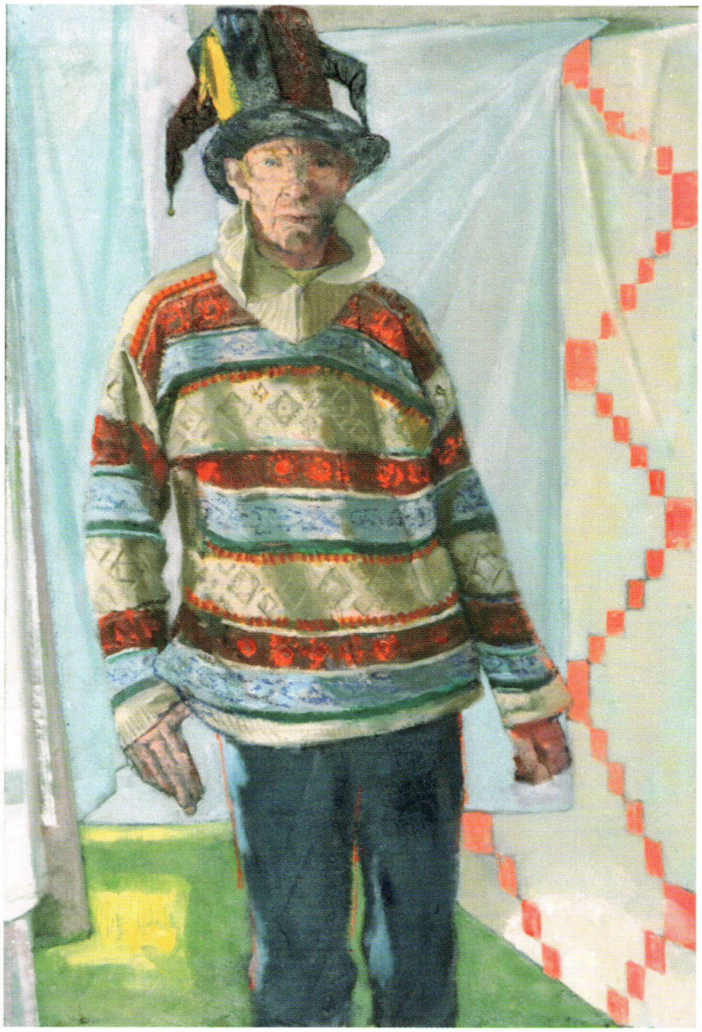

Convaleciente. 1997. Óleo sobre tabla. 122 x 80 cm. Colección Eduardo Riestra

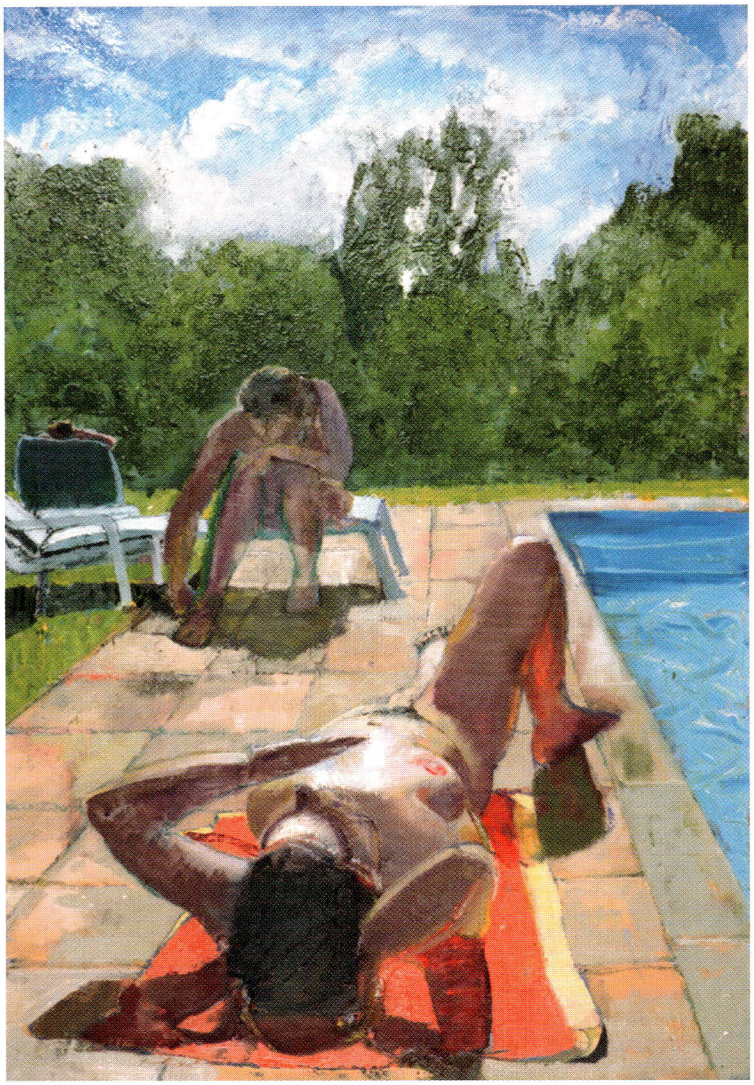

Sassios. 1997. Óleo sobre tabla. 89 x 60 cm. Colección Viki Eiroa

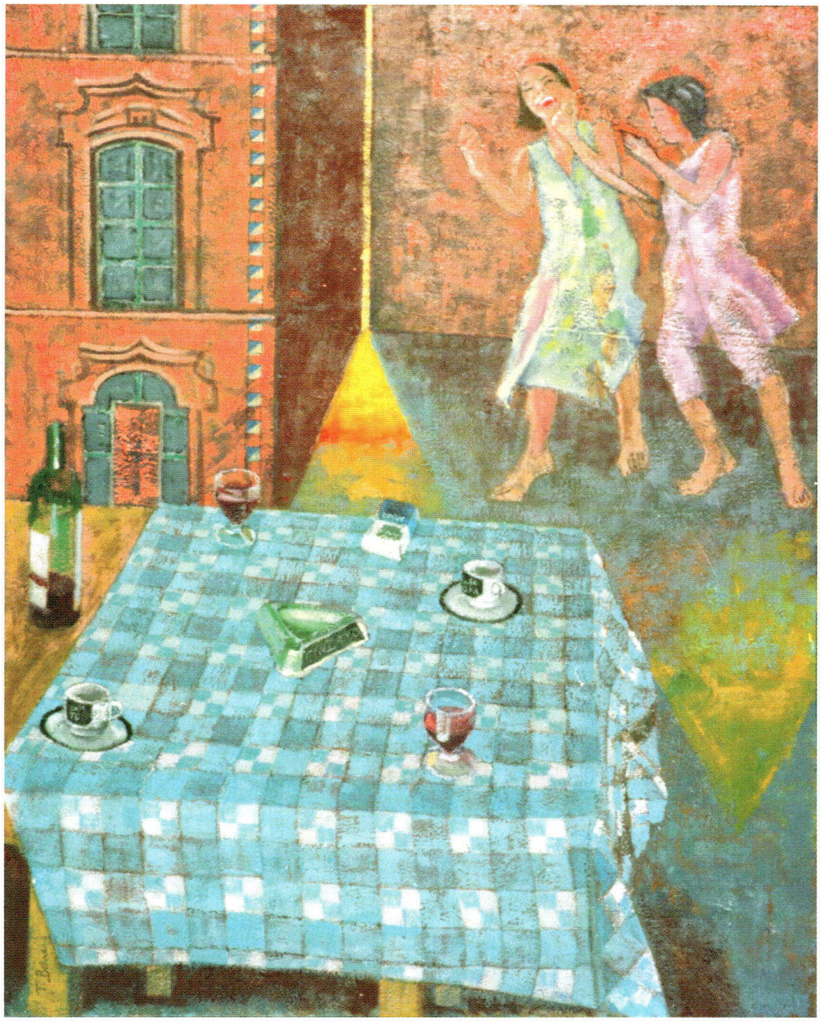

Lisboa. 1997. Óleo sobre tabla. 122 x 94 cm. Colección Jorge Barreiro

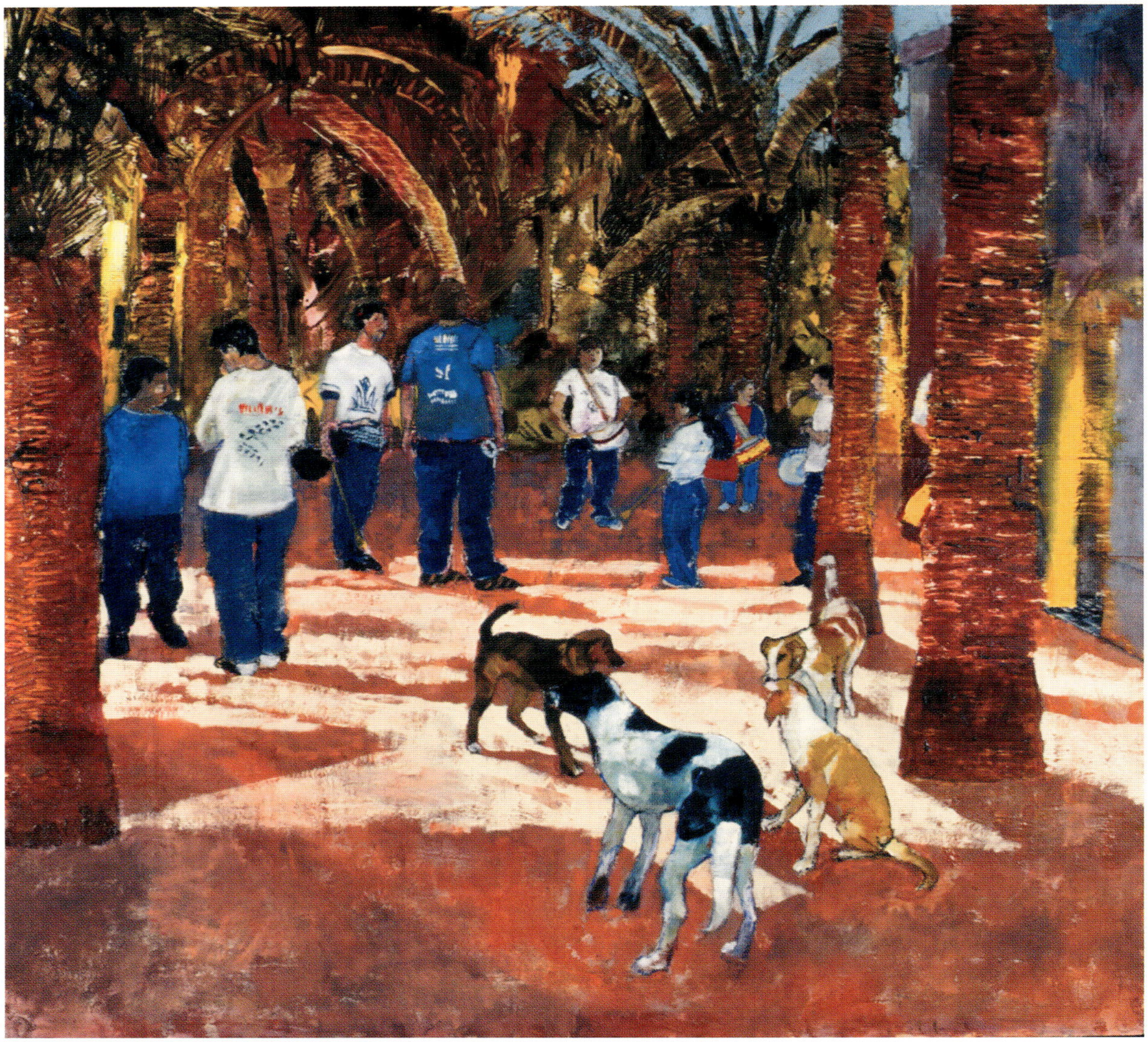

La parada. 1998. Óleo sobre tabla. 122 x 118 cm. Colección José Ramón López Calvo

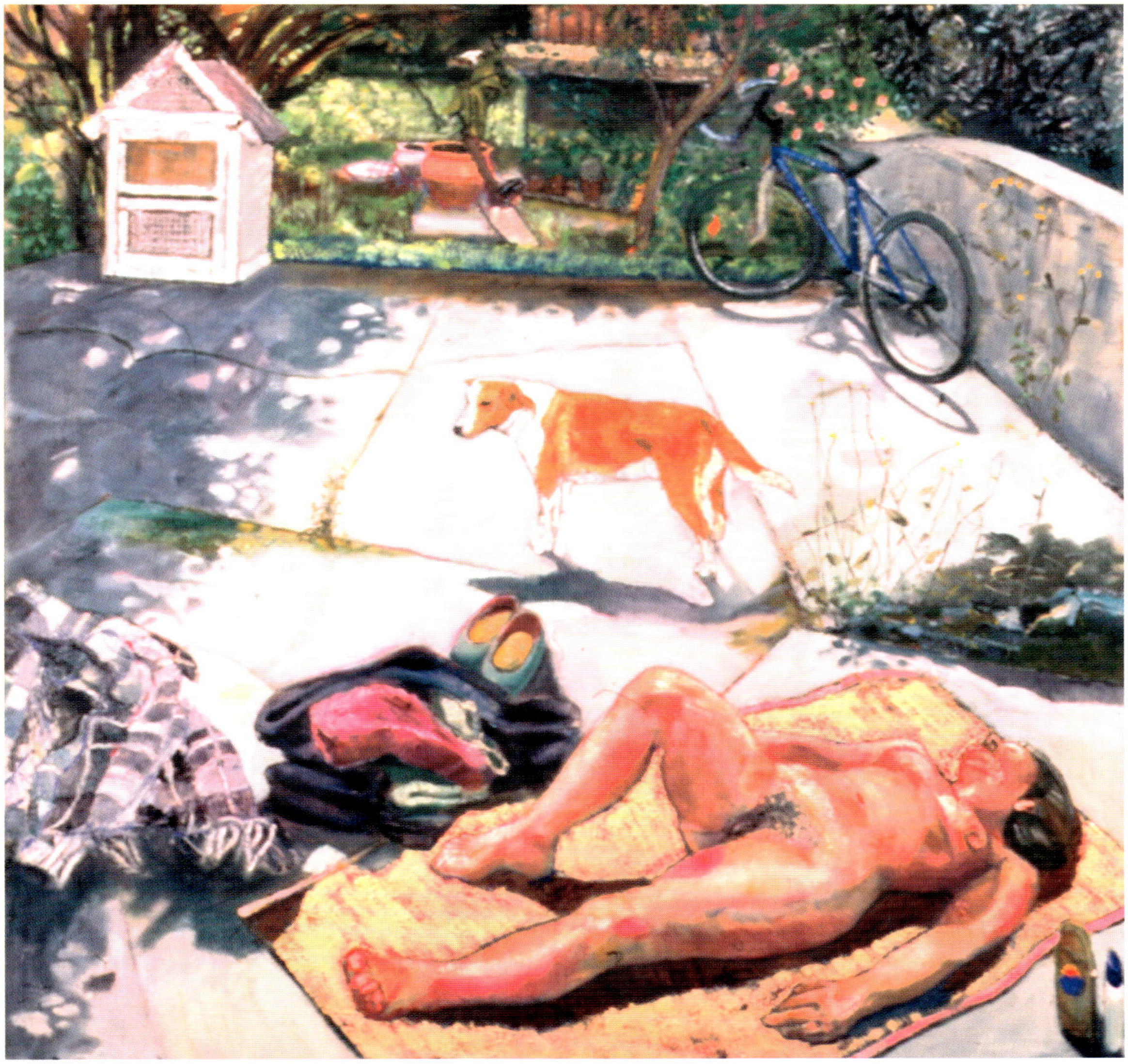

Día de calor. 1998. Óleo sobre tabla. 122 x 122 cm. Colección Ramón Fernández Cervantes

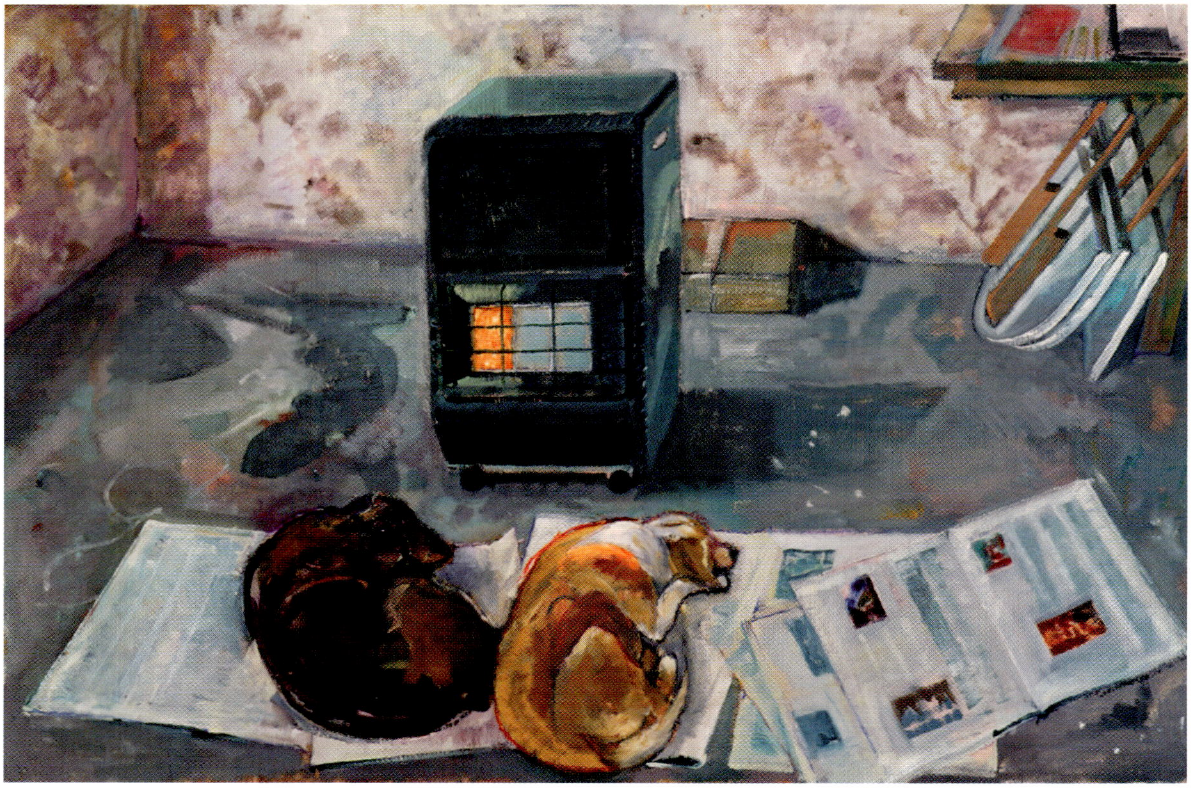

Perros y periódicos. 1997. Óleo sobre tabla. 122 x 90 cm. Colección Harry Behrens

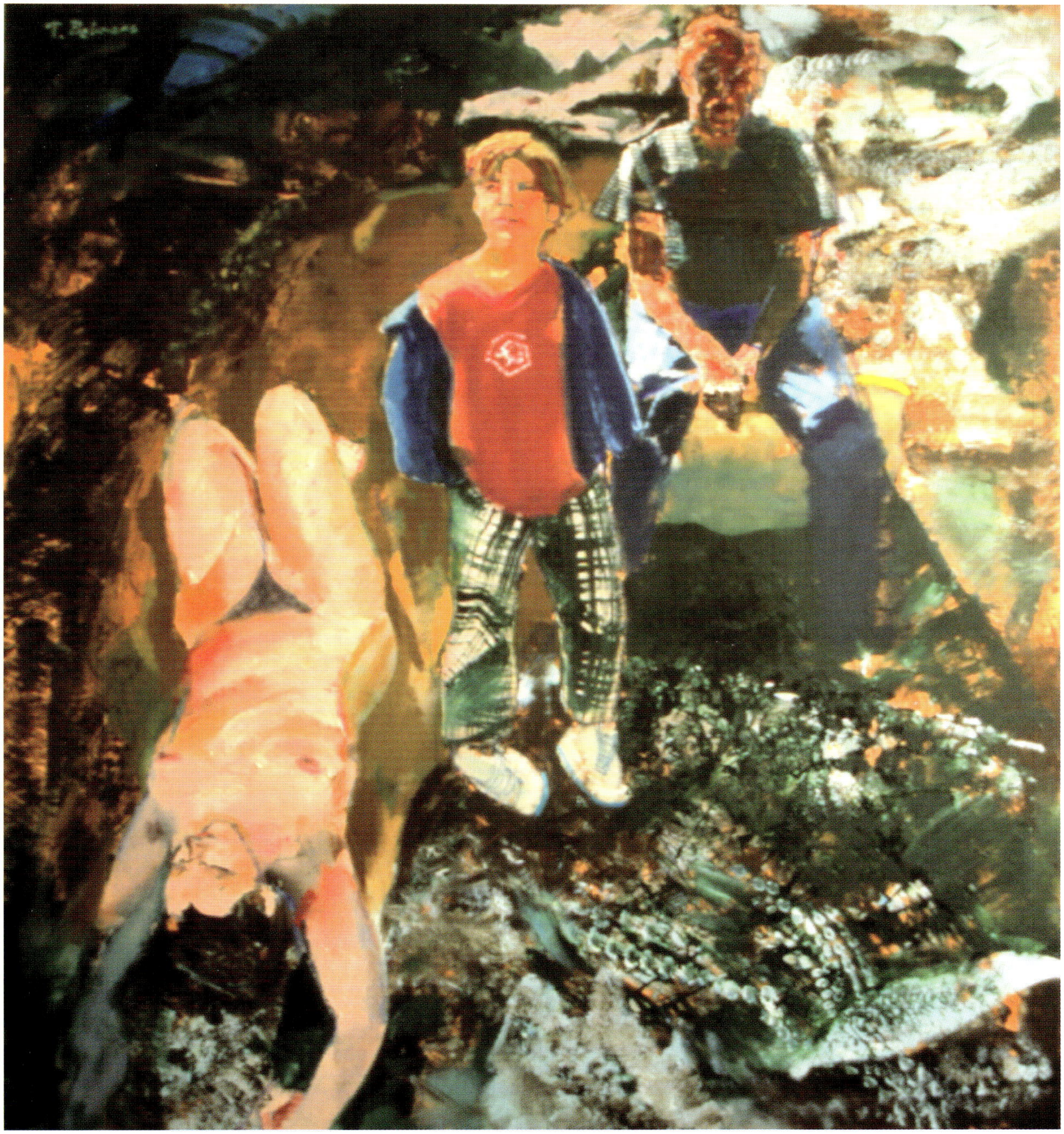

Trinidad-le Cascate. 1998. Óleo sobre tabla. 122 x 117 cm. Colección Federico García Cabezón

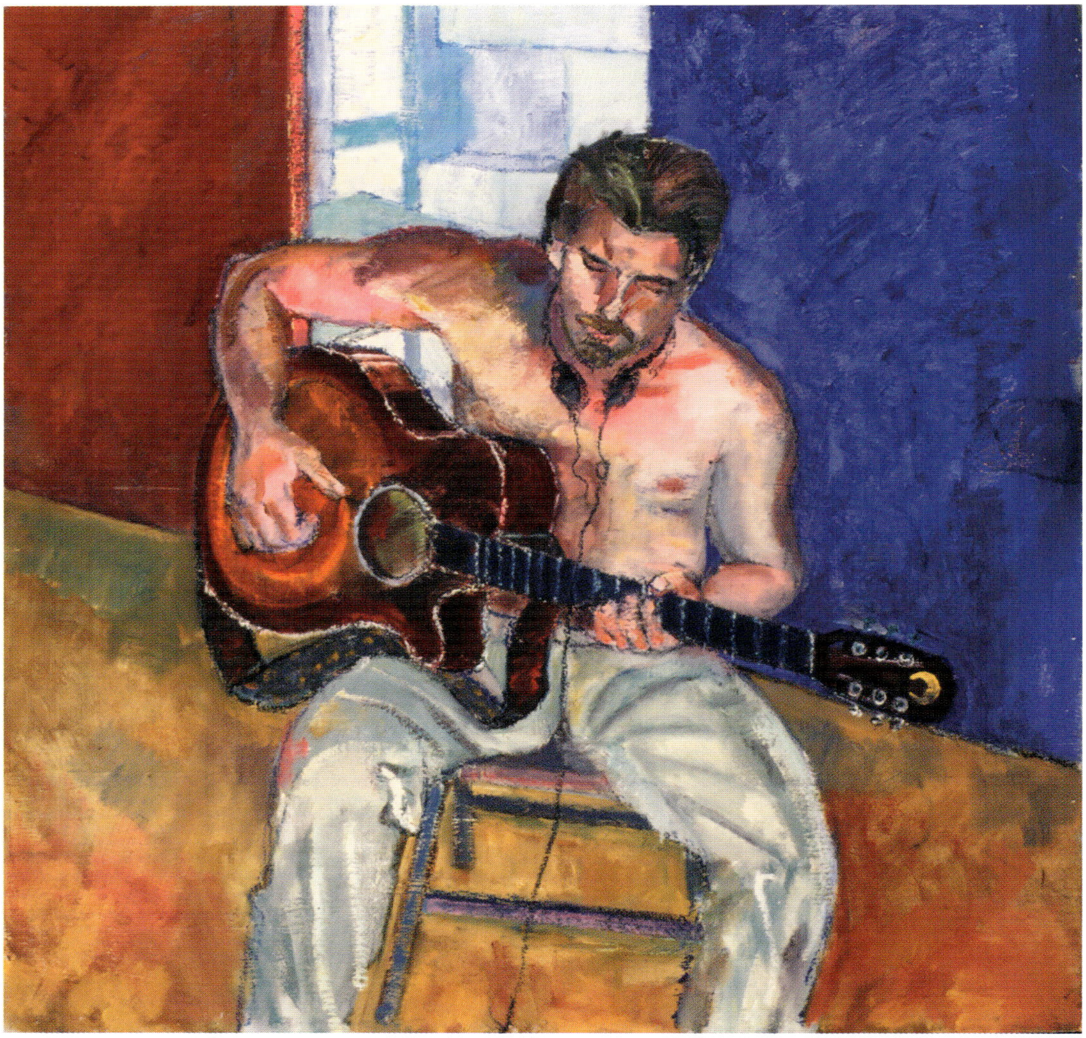

Guitarrista. 1998. Óleo sobre tabla. 94 x 92 cm. Colección José Ramón López Calvo

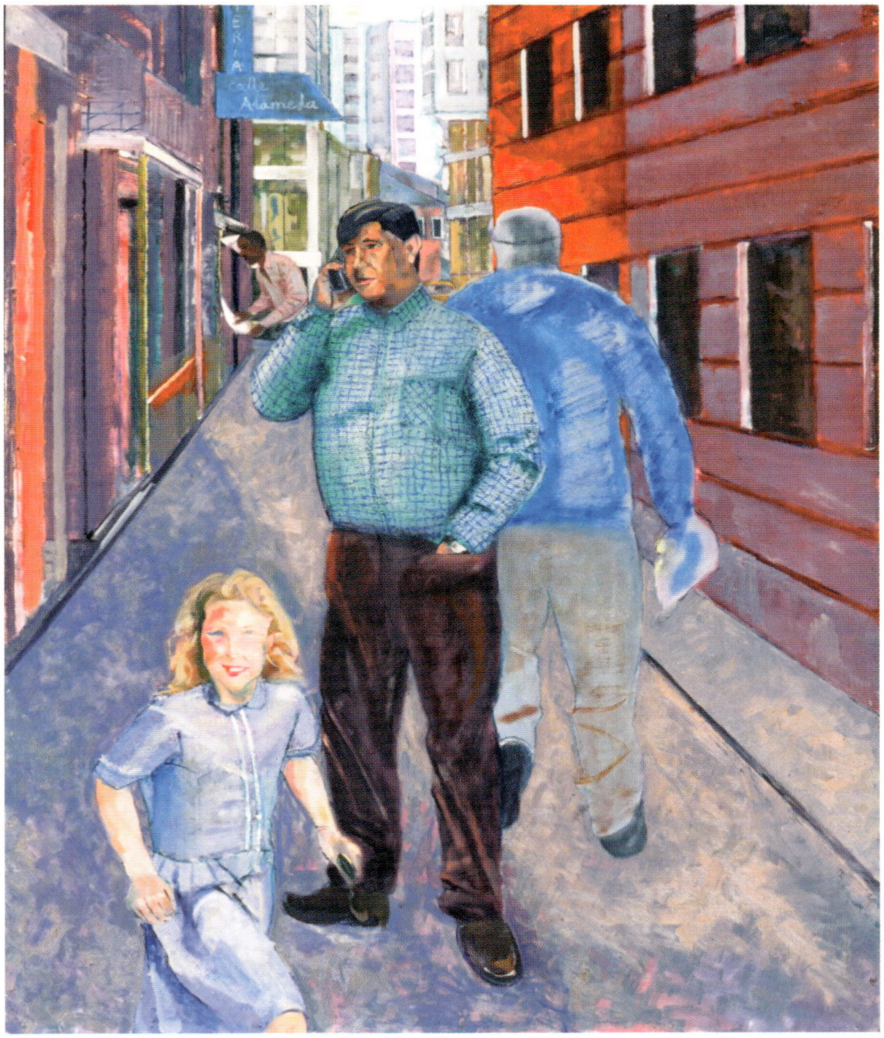

Calle Alameda. 1999. Óleo sobre tabla. 153 x 123 cm. Colección Blanca Riestra

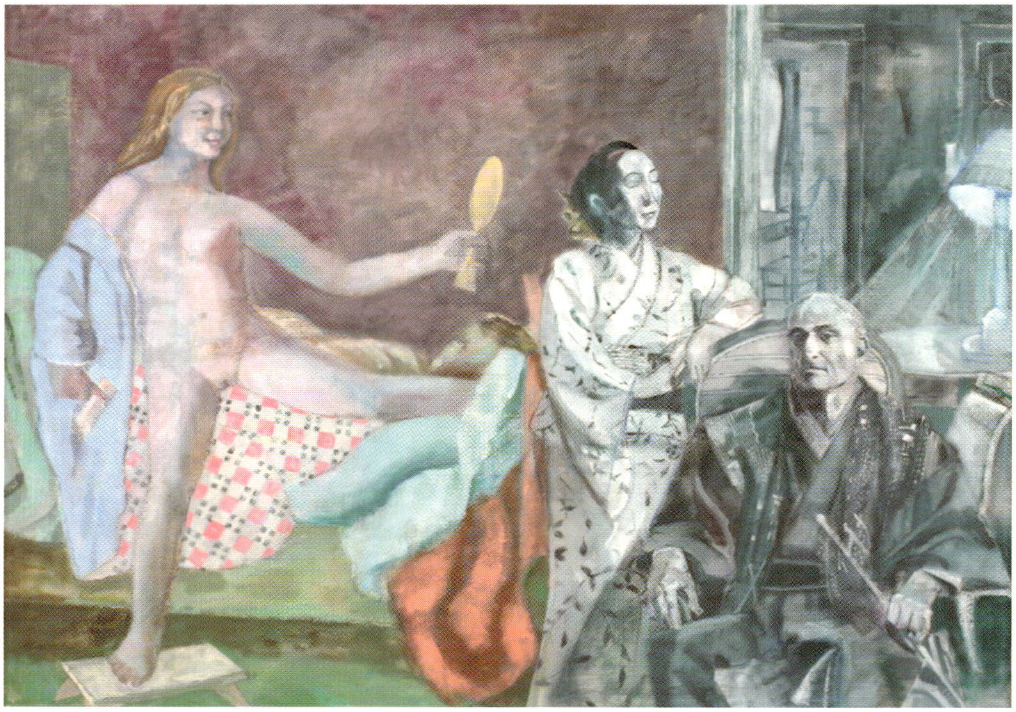

El arte y la vida según Balthus. 1999 Óleo sobre tabla. 165 x 118 cm. Colección Augusto Loroño

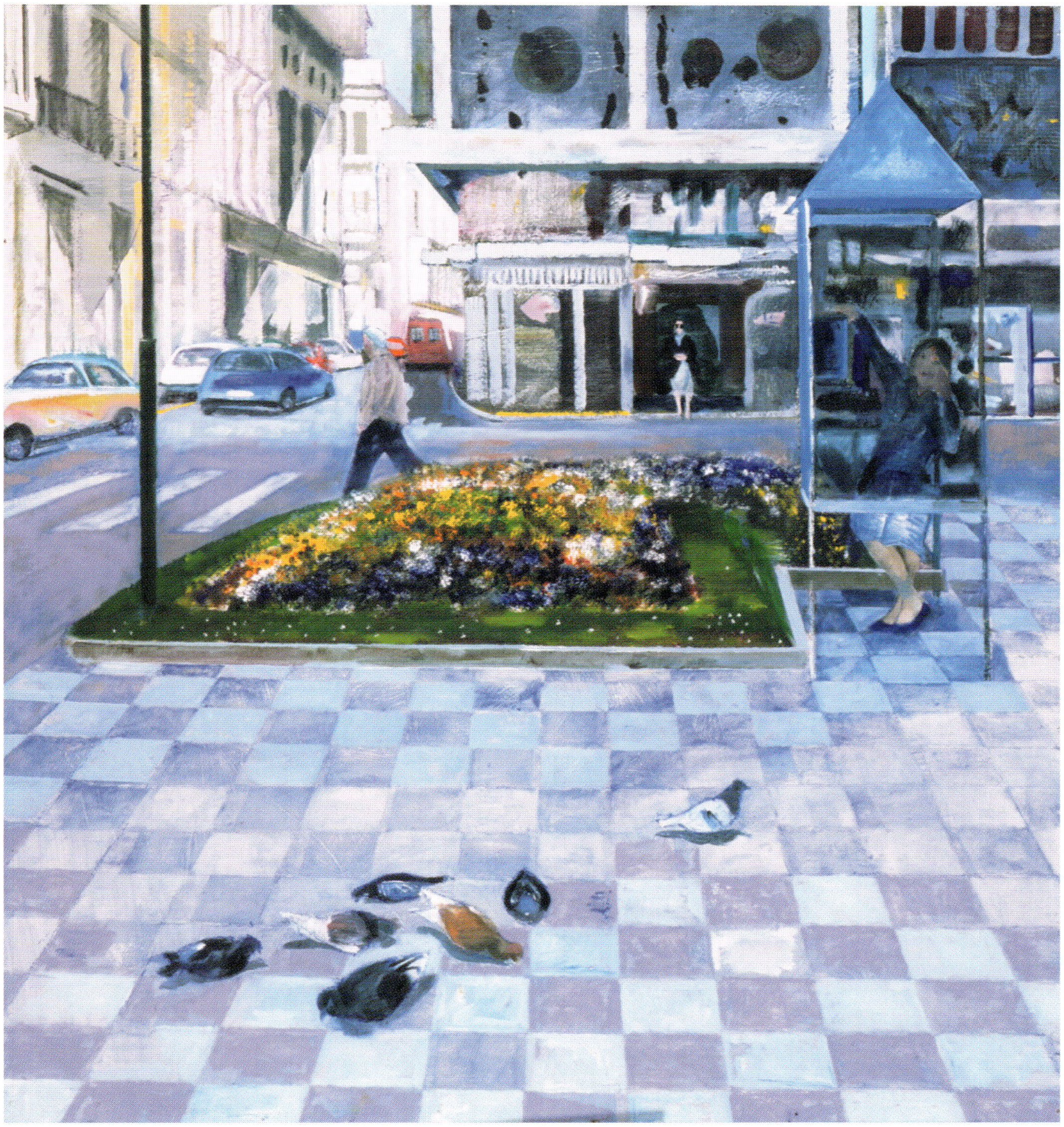

Ferrol. 1999. Óleo sobre tabla. 105 x 94 cm. Colección J.J. Martínez Ferrero

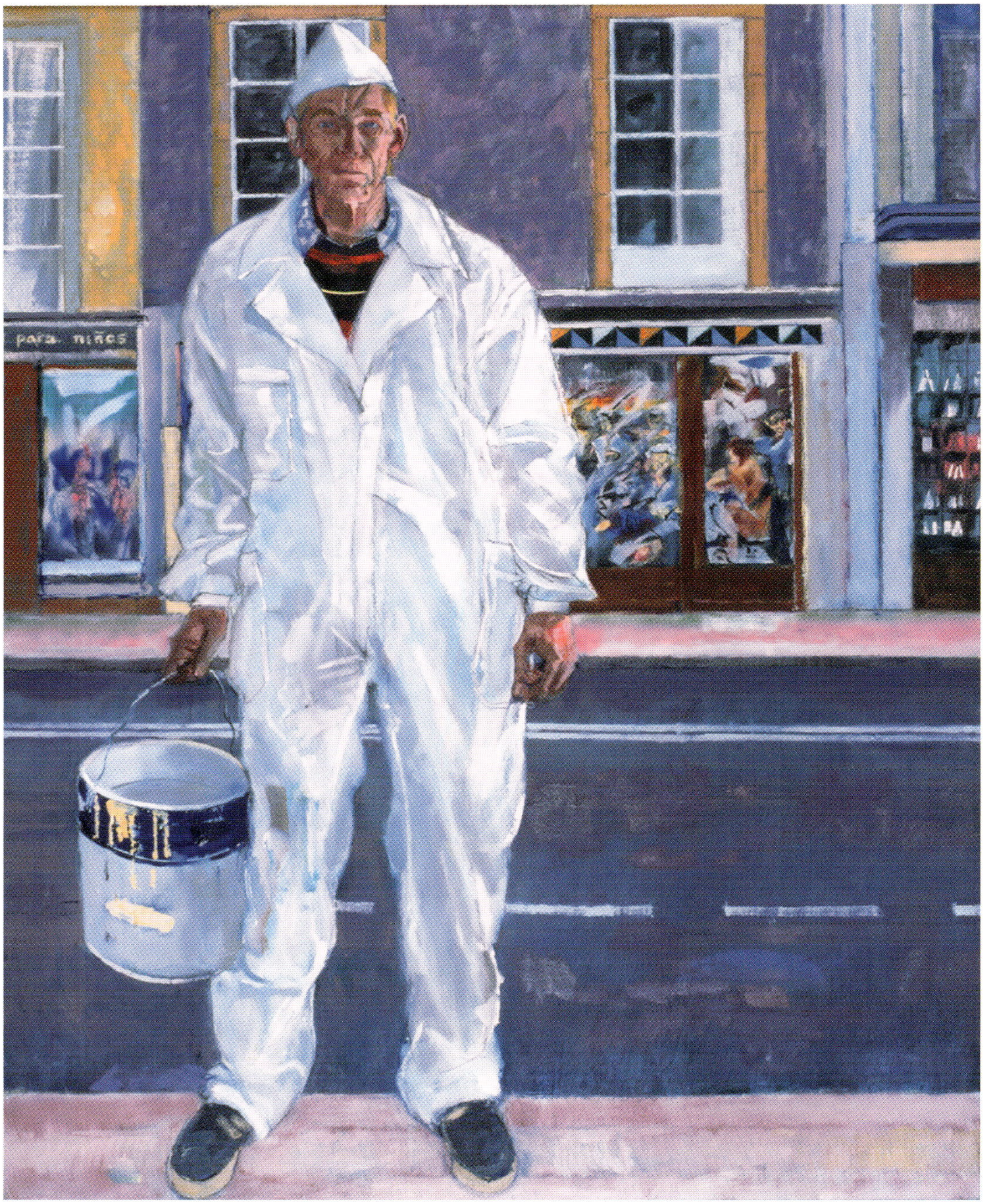

El pintor. 1999. Óleo sobre tabla. 153 x 117 cm. Colección Elixio Villaverde

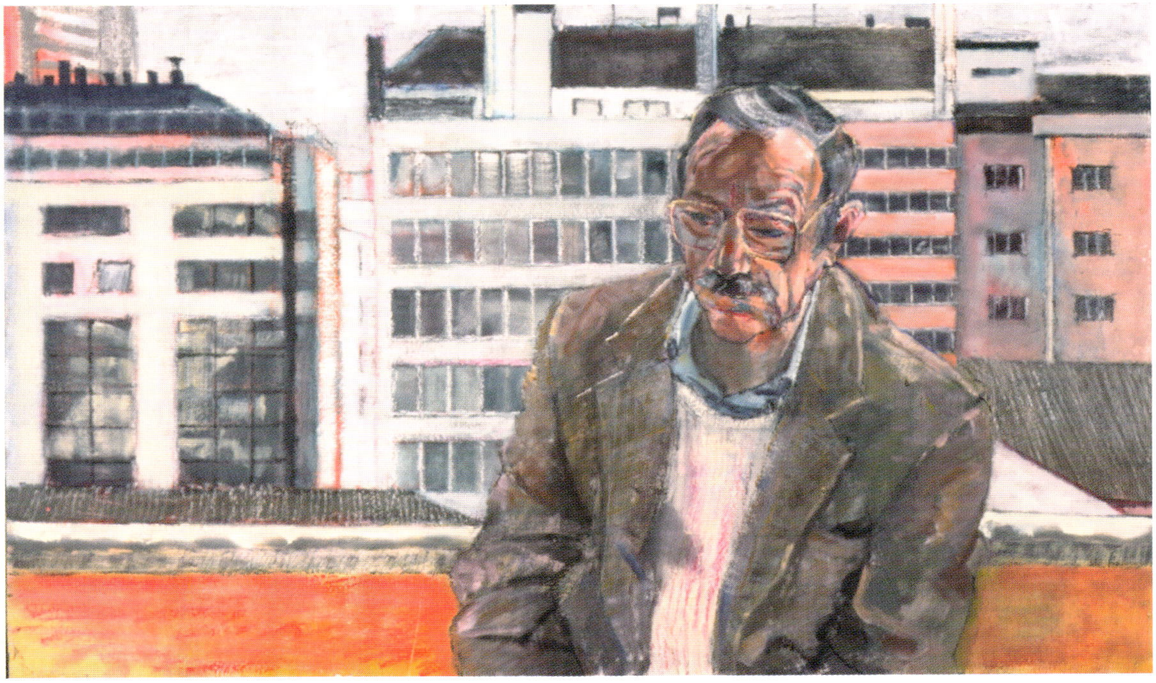

El librero. 1998. Óleo sobre tabla. 122 x 71 cm. Colección Enrique Molist

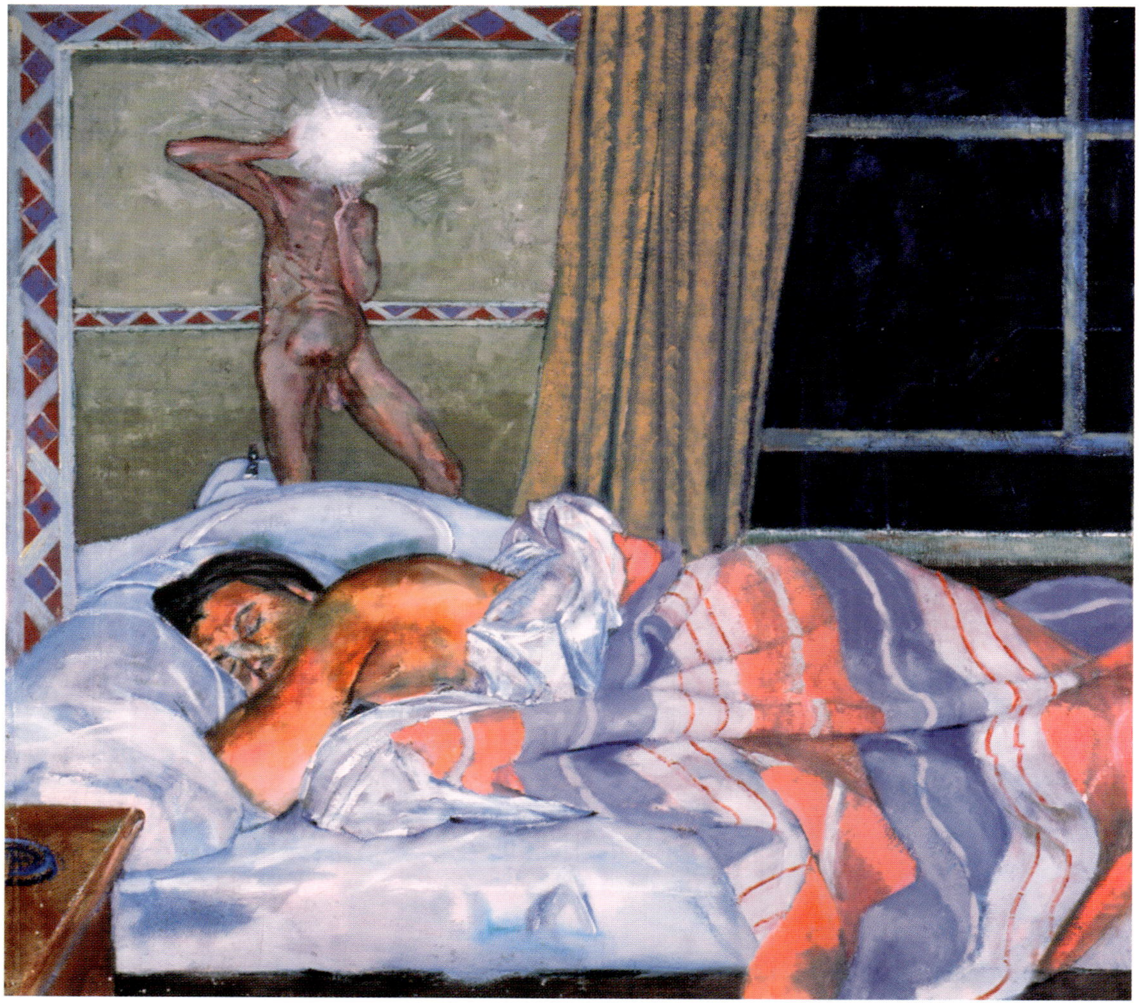

Habitación de hostal. 1999. Óleo sobre tabla. 122 x 117 cm. Colección Elixio Villaverde

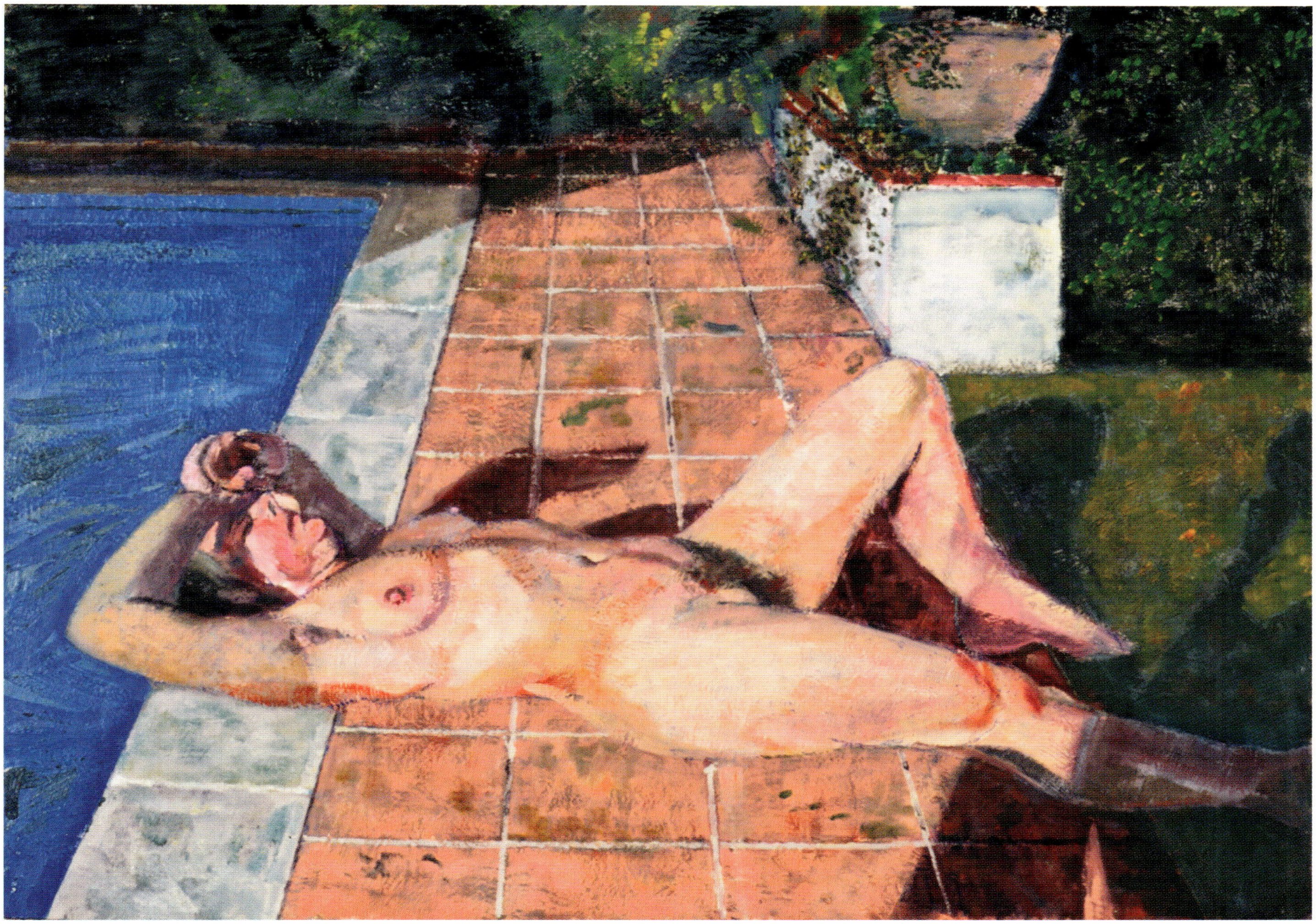

La piscina. 1999. Óleo sobre tabla. 122 x 87 cm. Colección Augusto Loroño

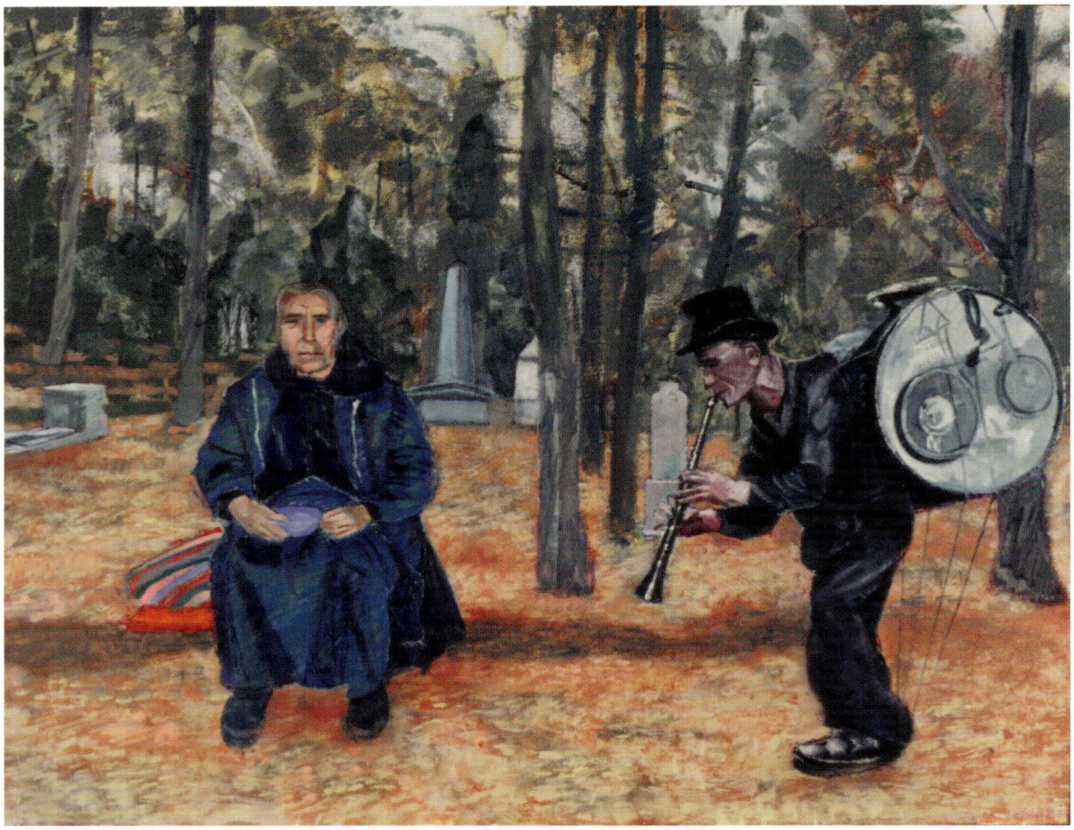

Los supervivientes. 2000. Óleo sobre tabla. 122 x 99 cm. Colección Augusto Loroño

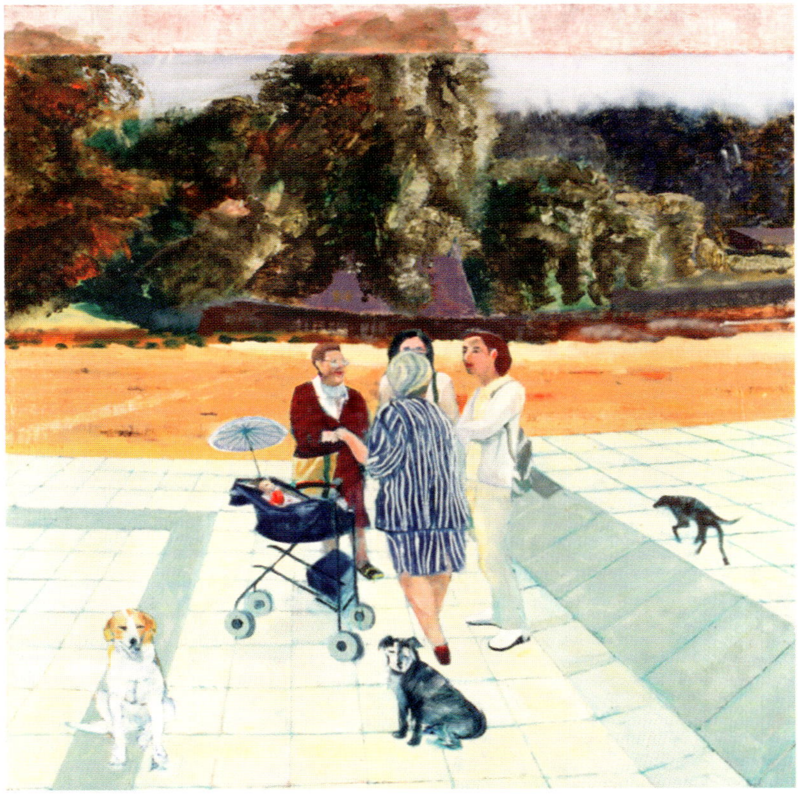

Paseo marítimo. 2000. Óleo sobre tabla. 122 x 118 cm. Colección Antonio Ferreño

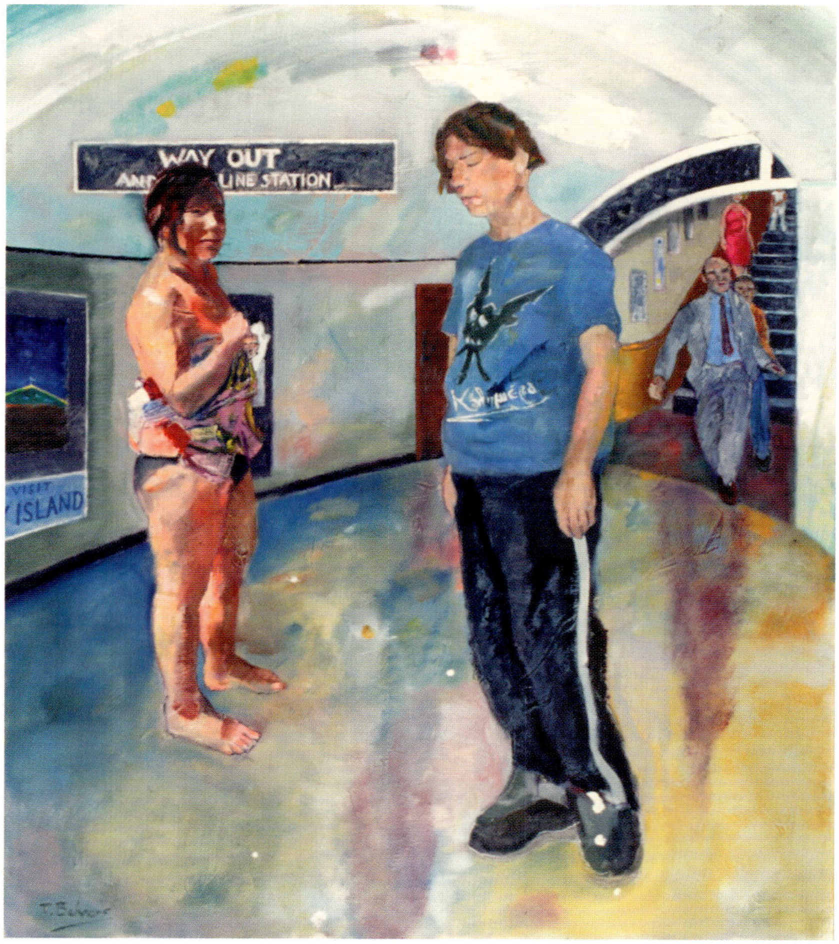

Estación de metro. 2000. Óleo sobre tabla. 145 x 122 cm. Colección María Jesús Lorenzo

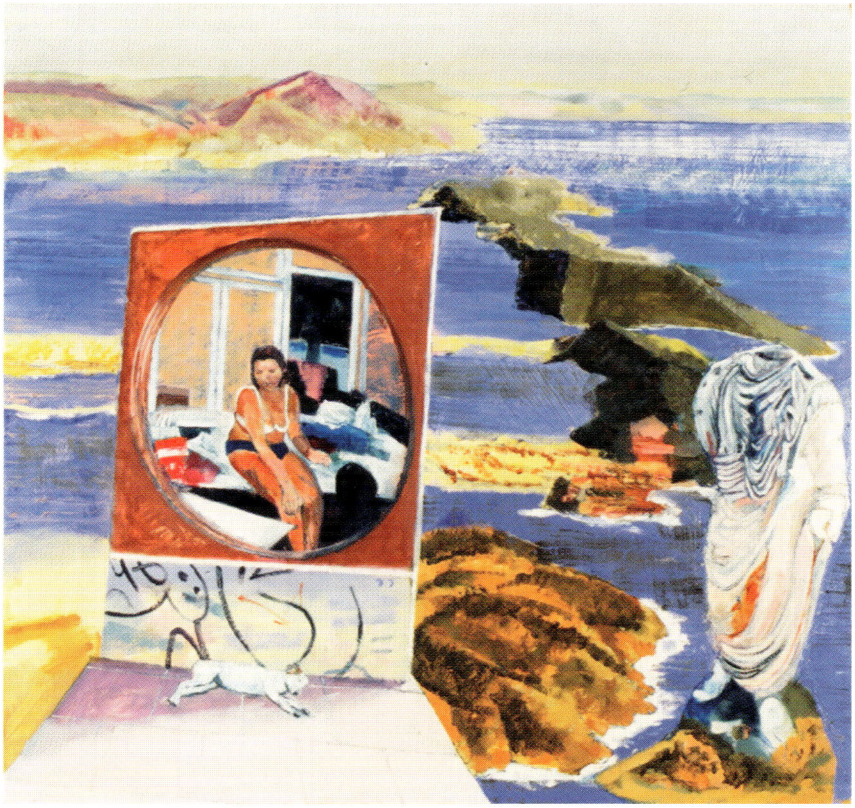

El espejo griego. 2000. Óleo sobre tabla. 122 x 122 cm. Colección Antonio Ferreño

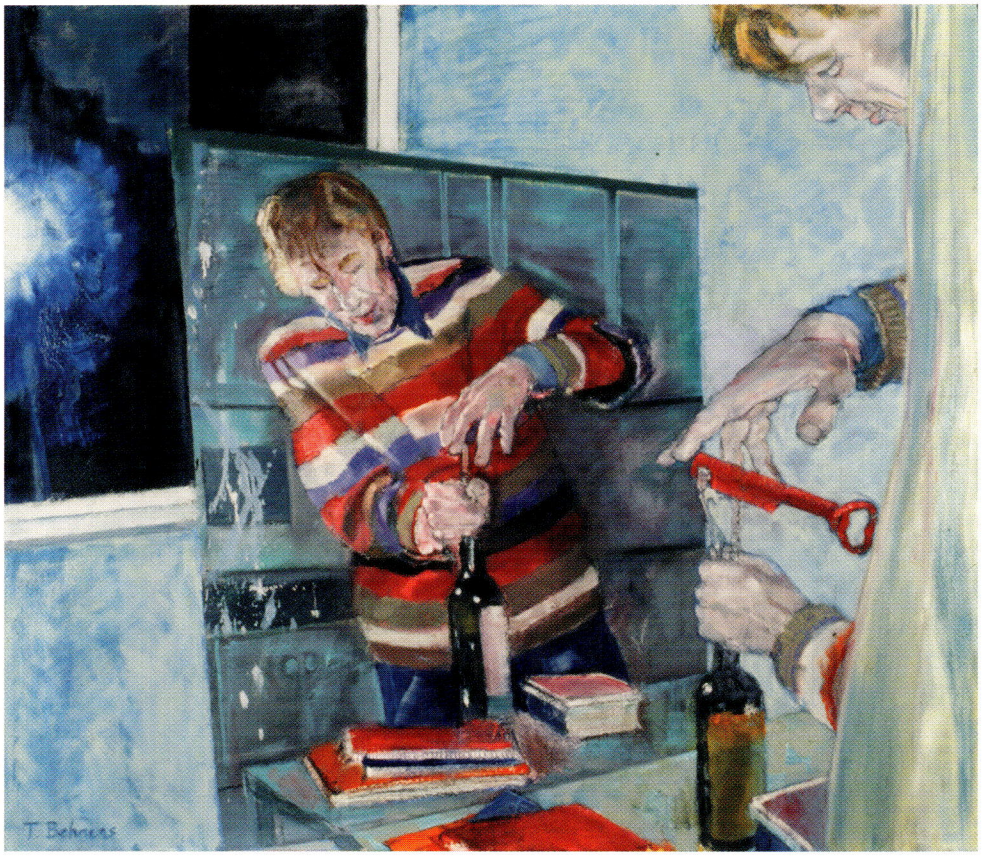

El espejo de la cocina. 2002. Óleo sobre tabla. 112 x 118 cm. Colección Ricardo Pérez

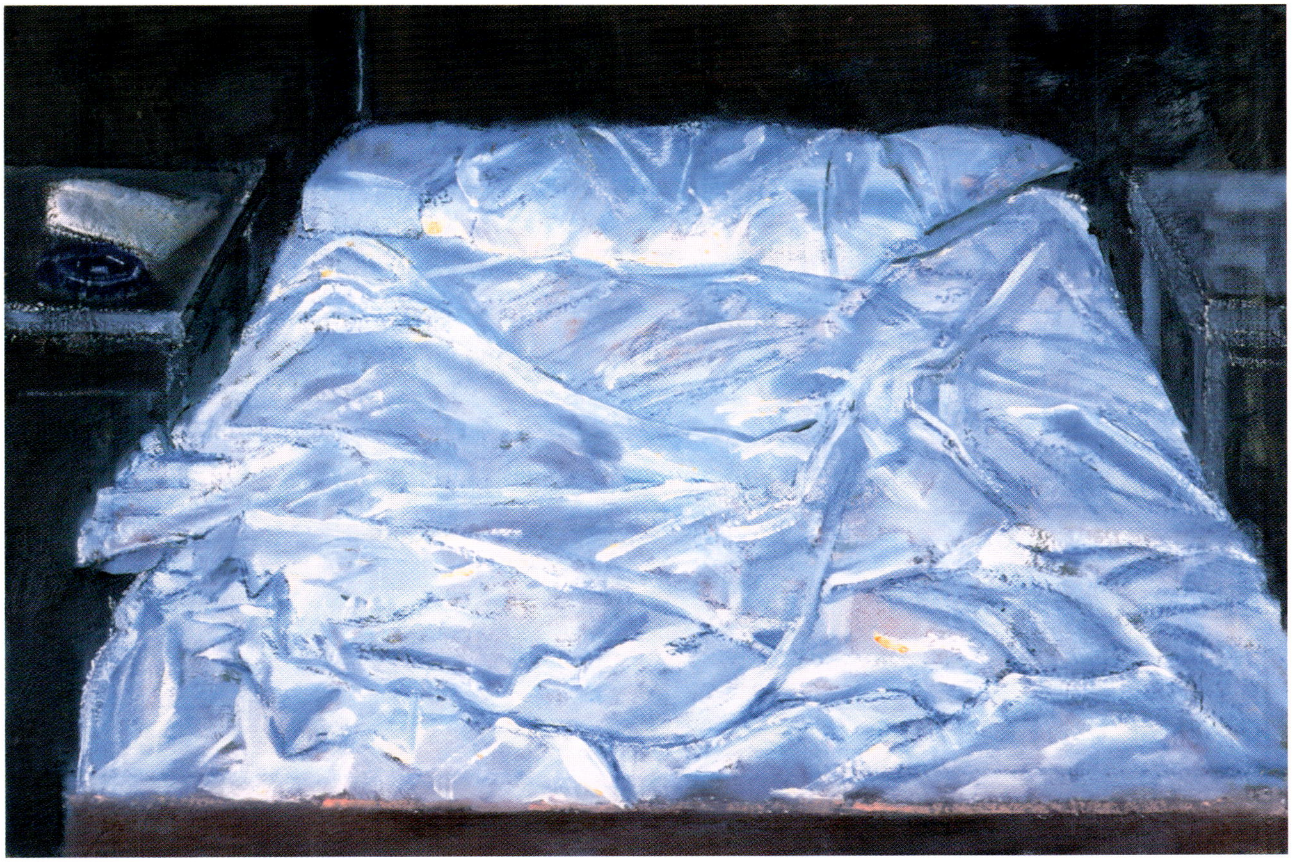

Cama gris. 2000. Óleo sobre tabla. 90 x 50 cm. Colección Laureano Vidal

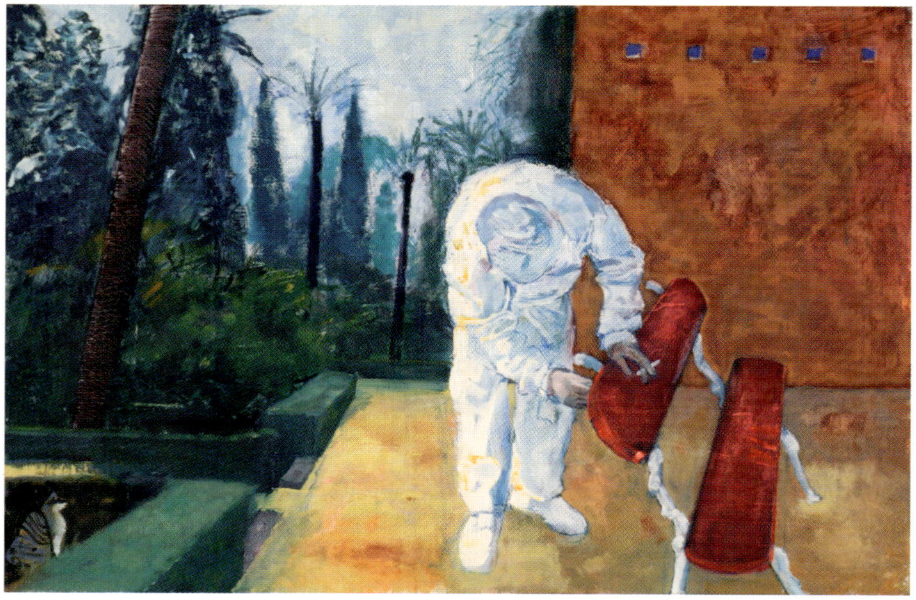

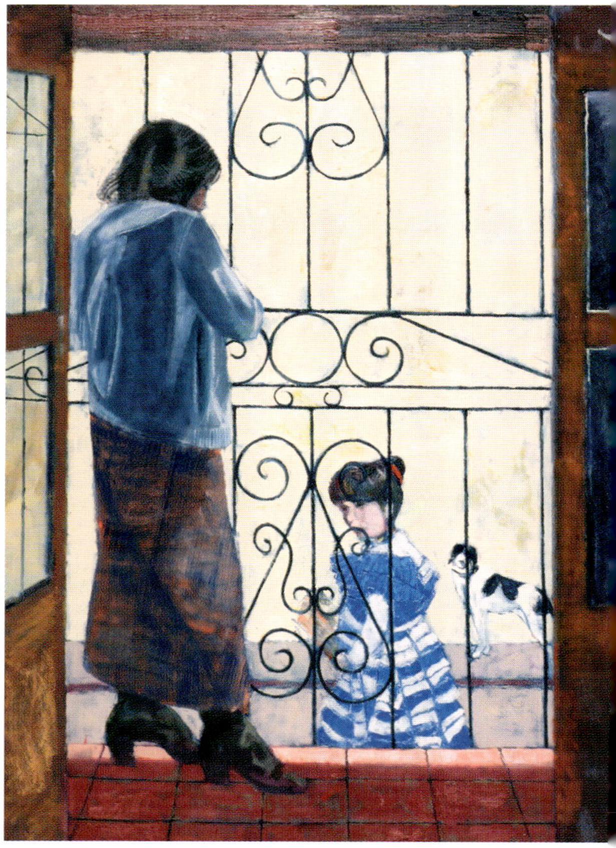

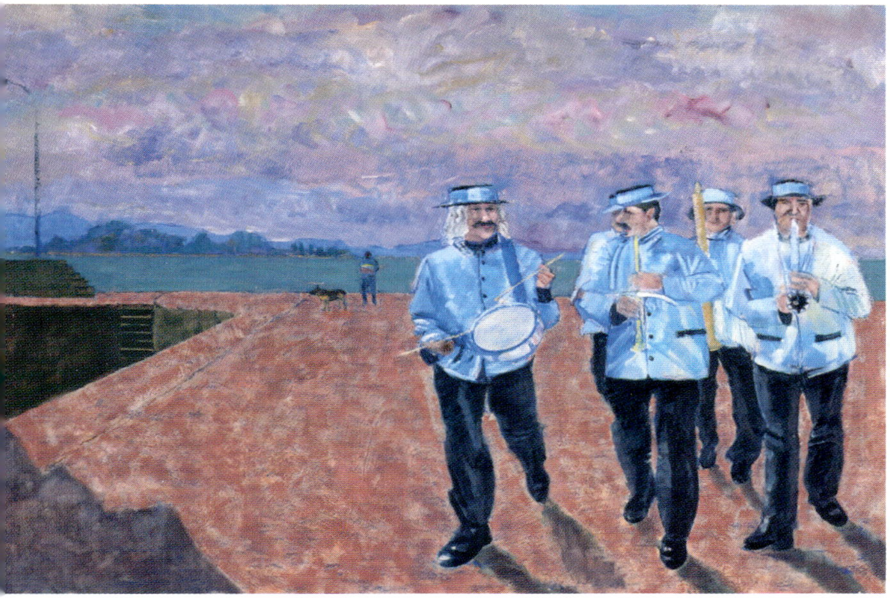

El tríptico del viaje. 2000. Óleo sobre tabla. 122 x 85 cm.
Pieza central vertical. Óleo sobre tabla. 85 x 122 cm.
Pieza de la derecha. Óleo sobre tabla. 122 x 85 cm.
Colección Antonio Ferreño

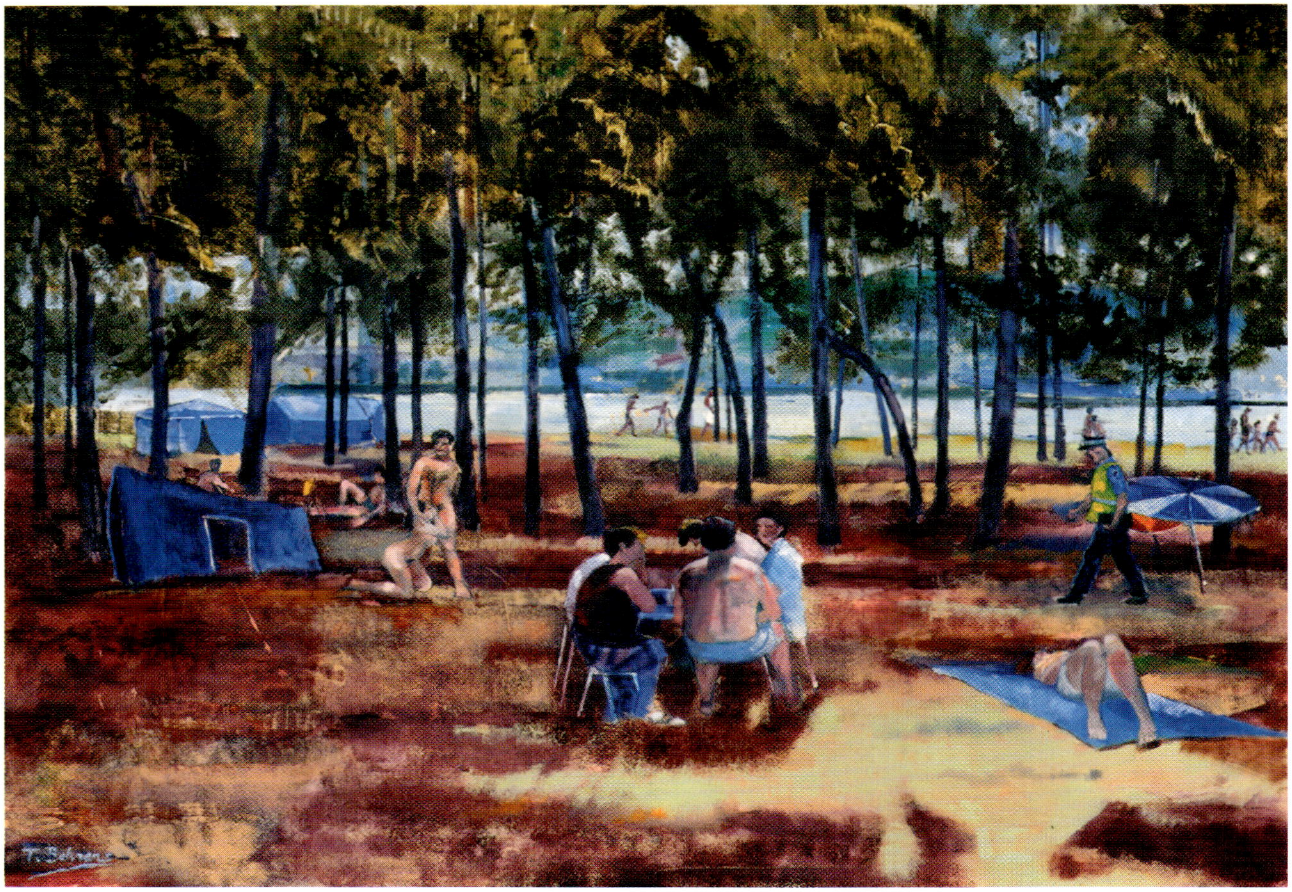

Domingo, Santa Cristina. 2000. Óleo sobre tabla. 170 x 122 cm. Colección Augusto Loroño

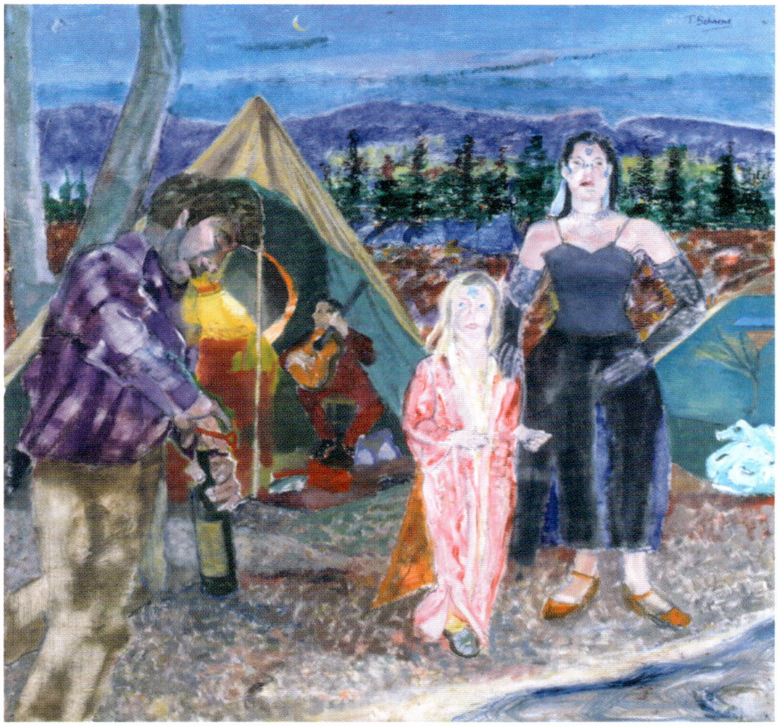

Campamento. 1998. Óleo sobre tabla. 122 x 122 cm. Colección Becalelis Brodskis

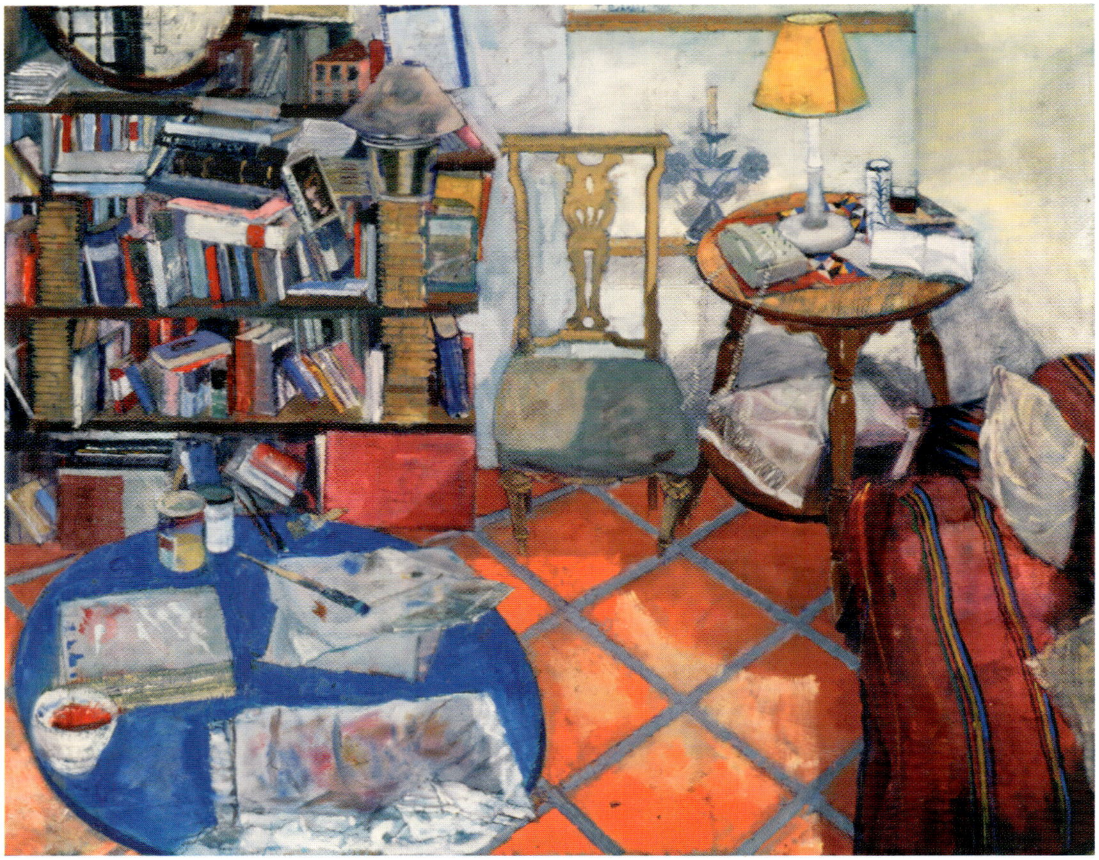

La biblioteca. 2002. Óleo sobre tabla. 153 x 123 cm. Colección Fermín Bescansa

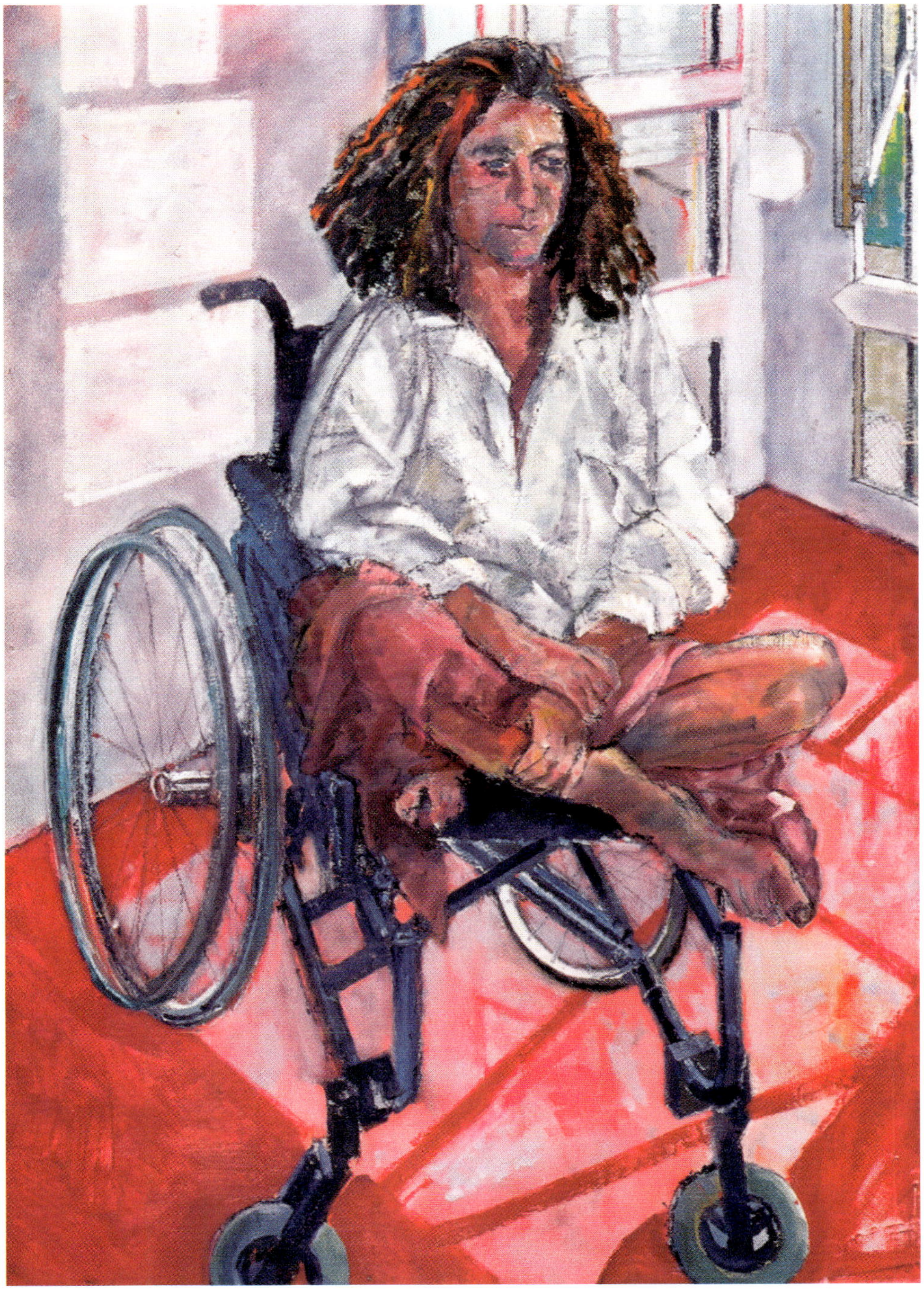

Lola. 1996. Óleo sobre tablero. 122 x 84 cm. Colección Lola Conceiro

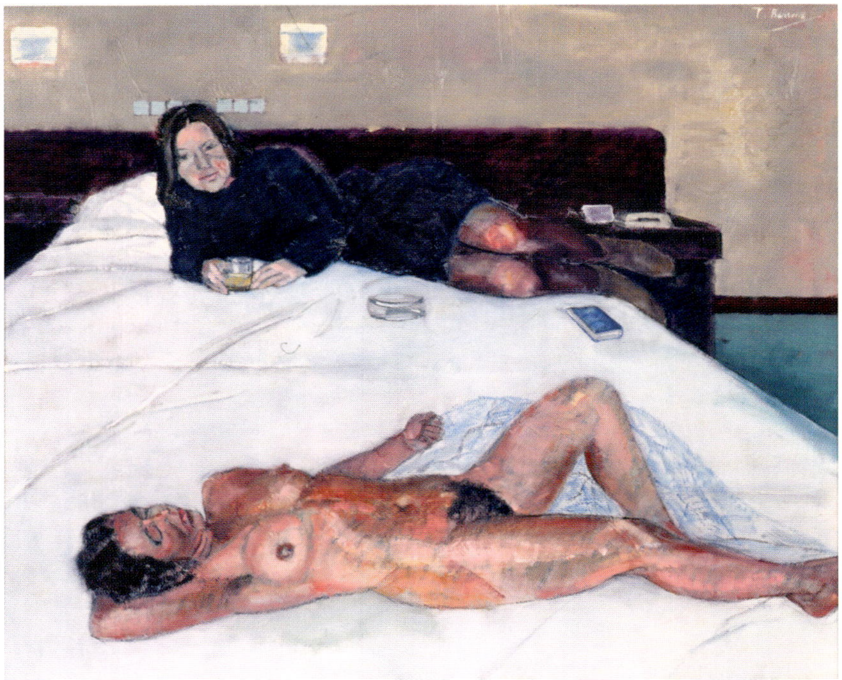

Gemelas. 2001. Óleo sobre tabla. 122 x 104 cm. Colección Pepe Dopazo

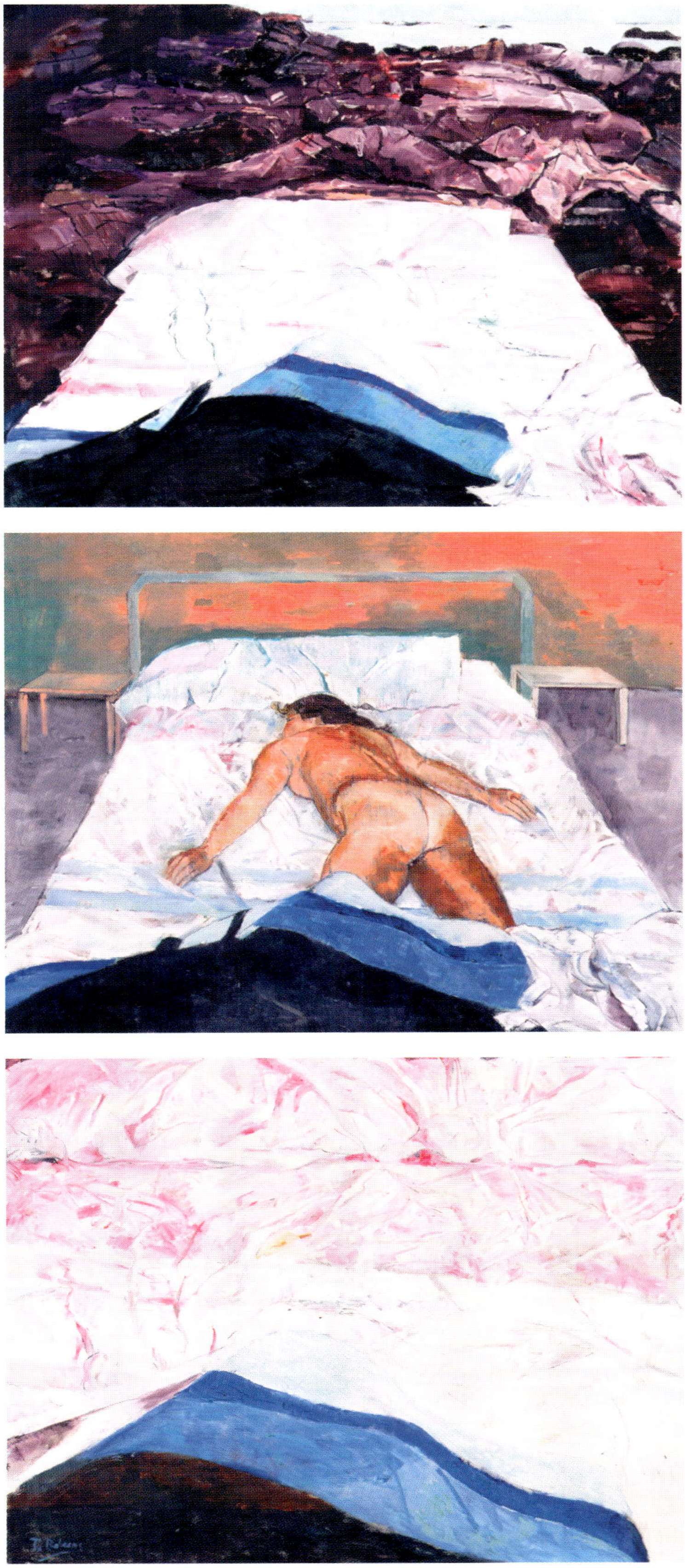

Tríptico vertical Rias Bajas

Parte superior. 2002. Óleo sobre lienzo. 146 x 116 cm.

Parte central. 2002. Óleo sobre lienzo. 146 x 116 cm.

Parte de abajo. 2002. Óleo sobre lienzo. 146 x 116 cm.

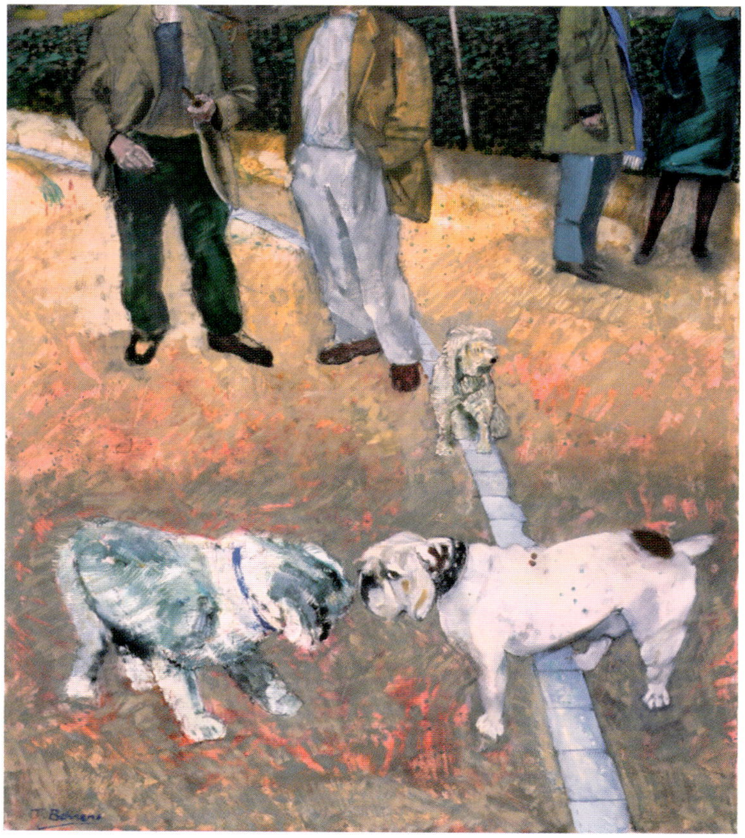

Perros y dueños. Óleo sobre tabla. 2001. 150 x 118 cm. Colección Concello de Culleredo (A Coruña)

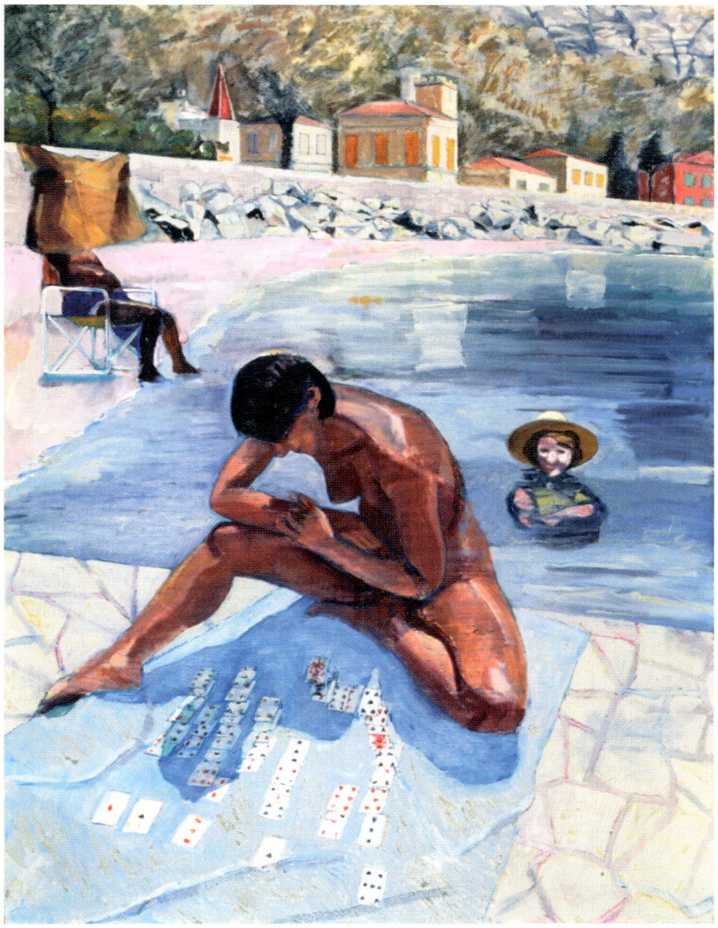

Los francófilos. 2002. Óleo sobre tabla. 160 x 118 cm. Colección Augusto Loroño

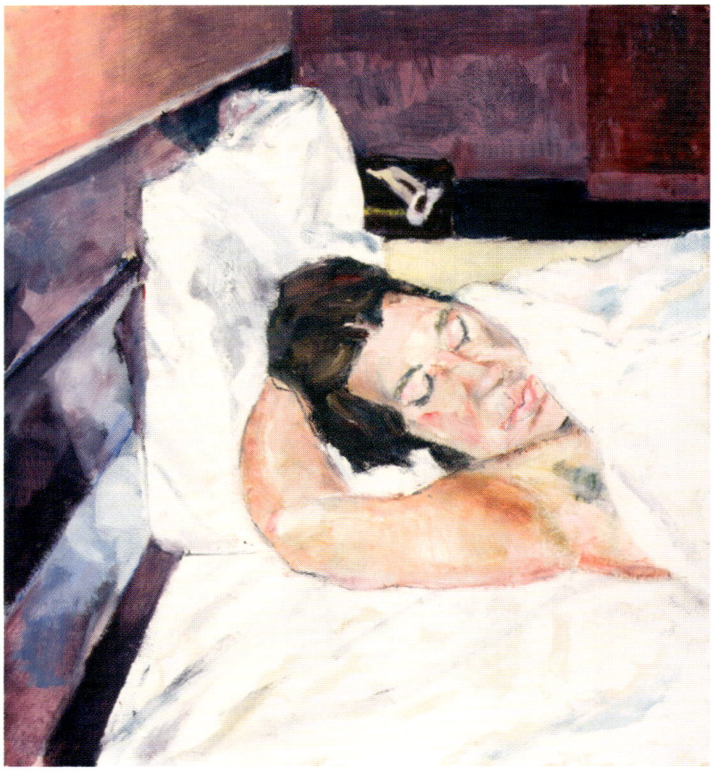

En la cama, Sada. 2002 Óleo sobre tabla. 59 x 52 cm. Colección José Mantiñan

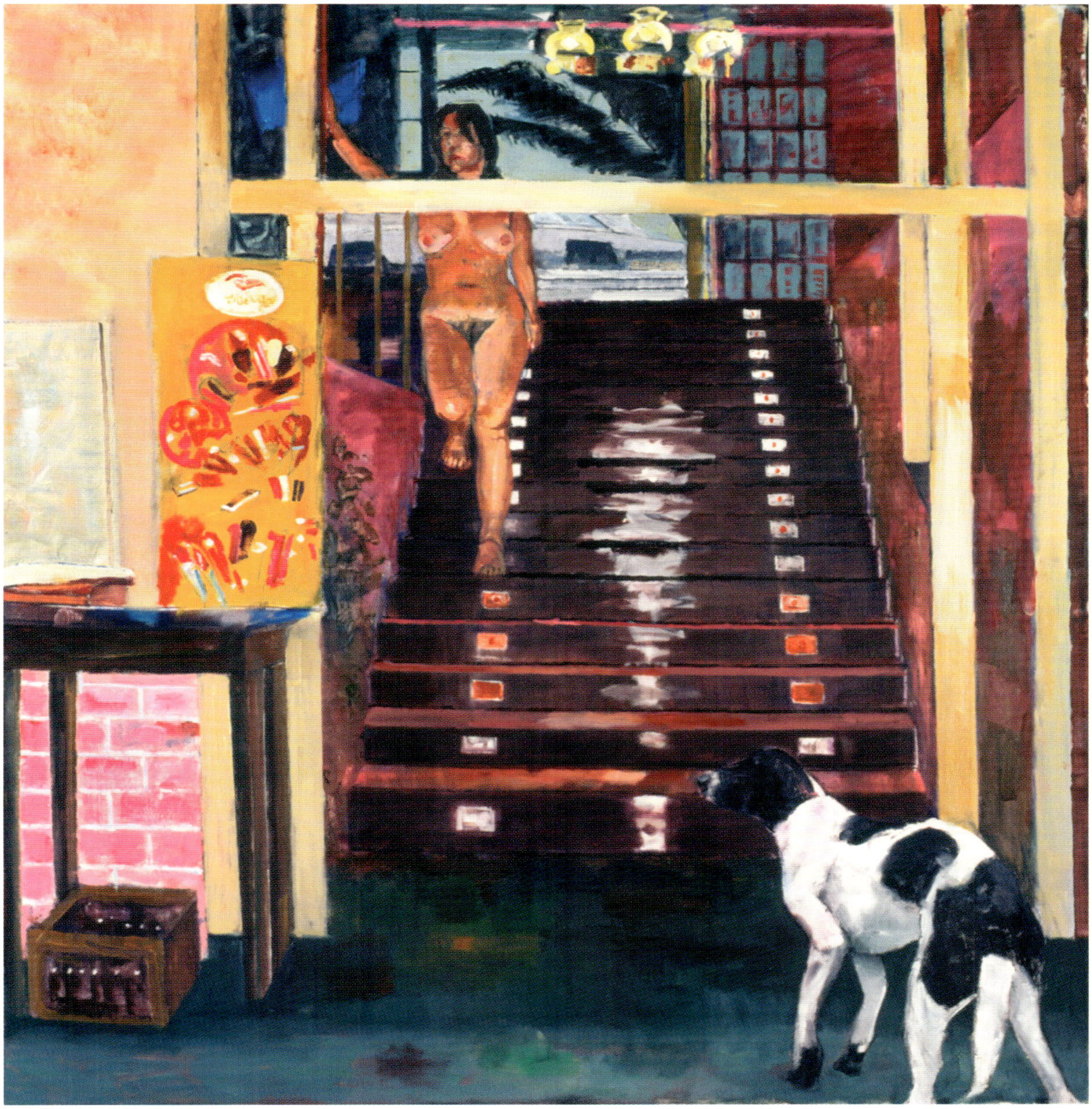

Desnudo bajando... 2002. Óleo sobre lienzo. 135 x 125 cm. Colección Julio Dequidt

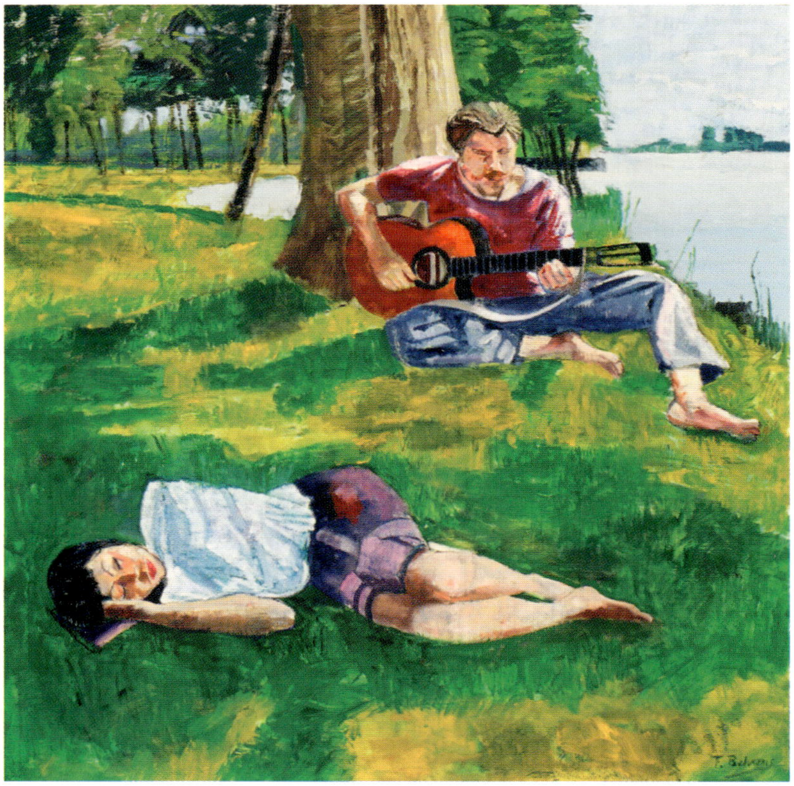

Bayonne-el lago. 2002. Óleo sobre tabla. 122 x 118 cm. Colección particular

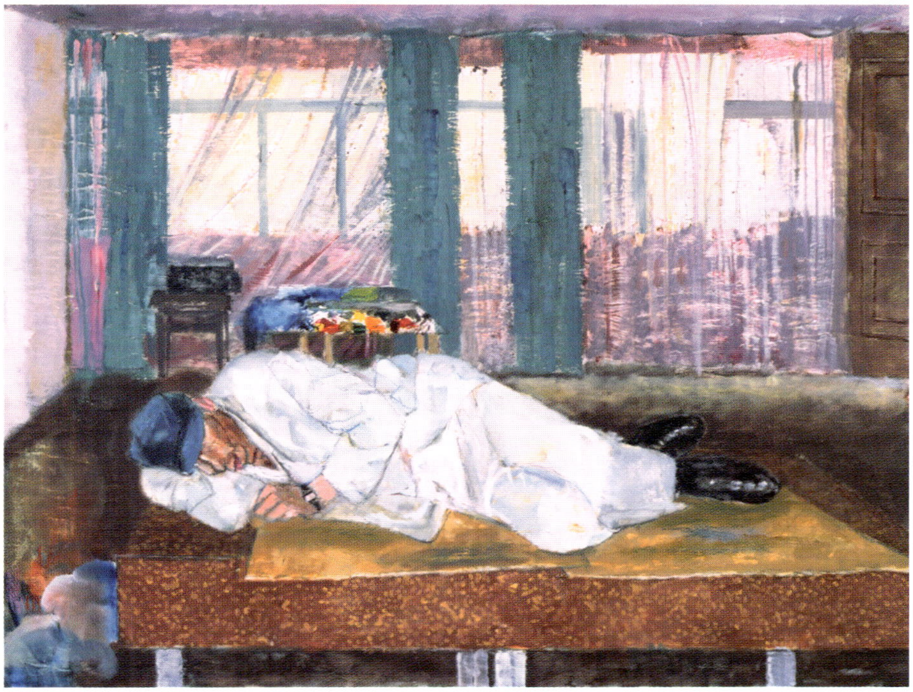

El vagabundo. 2002. Óleo sobre tabla. 165 x 118 cm. Colección Leopoldo Camba

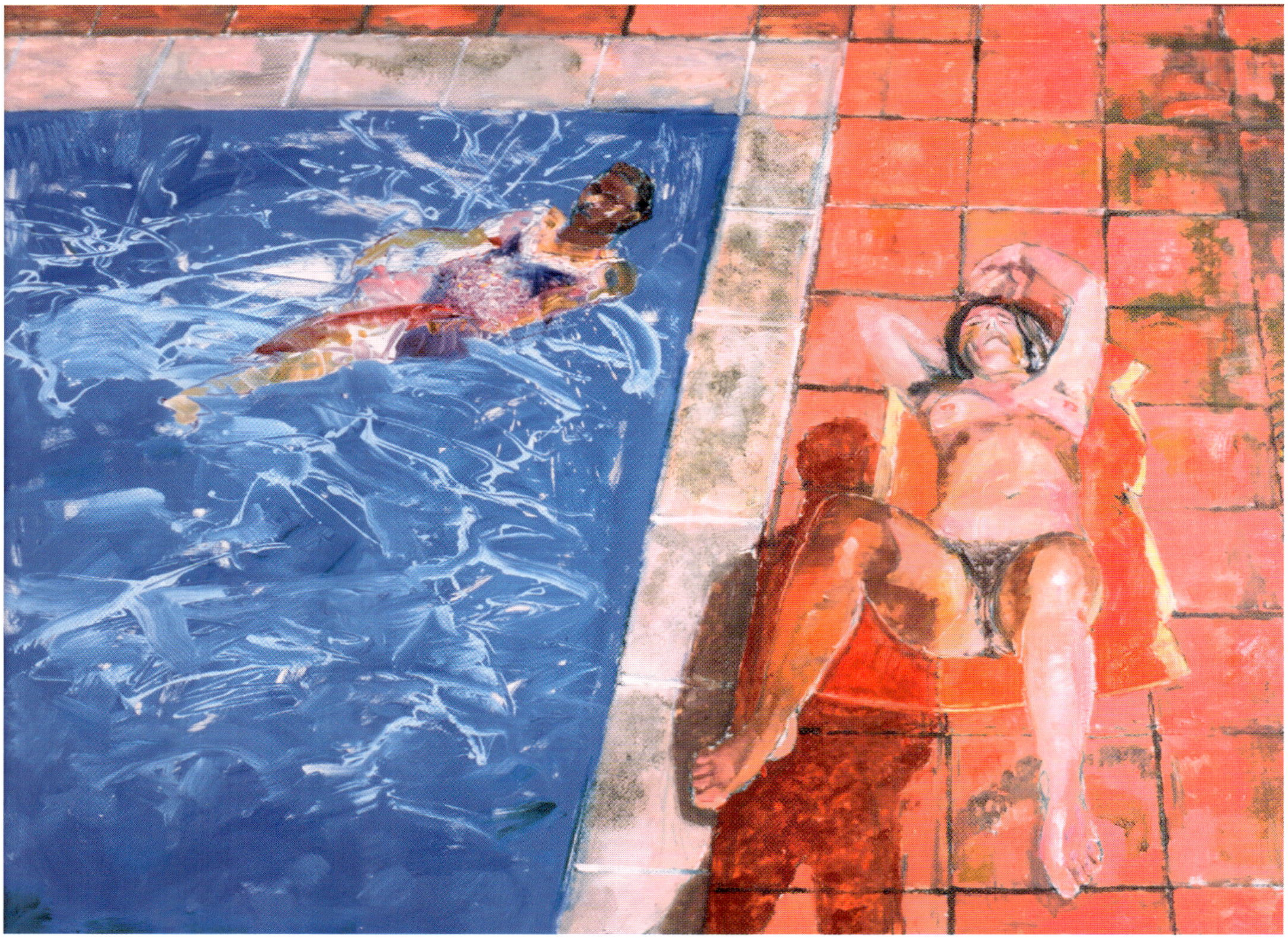

Concuñadas. 1997. Óleo sobre tabla. 153 x 117 cm. Colección Elixio Villaverde

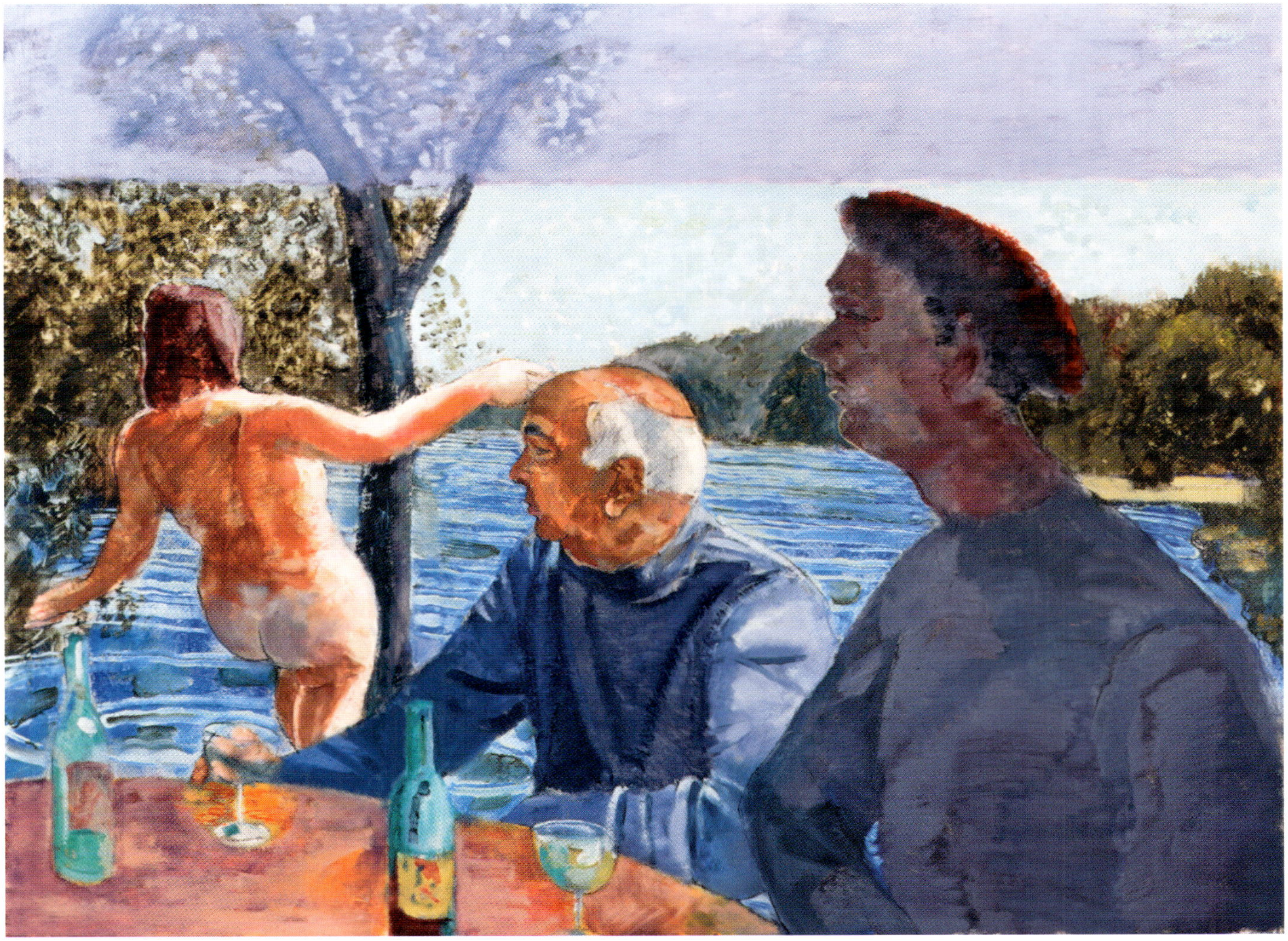

En las orillas del Loira. 2002. Óleo sobre tabla. 122 x 95 cm. Colección Geluco López

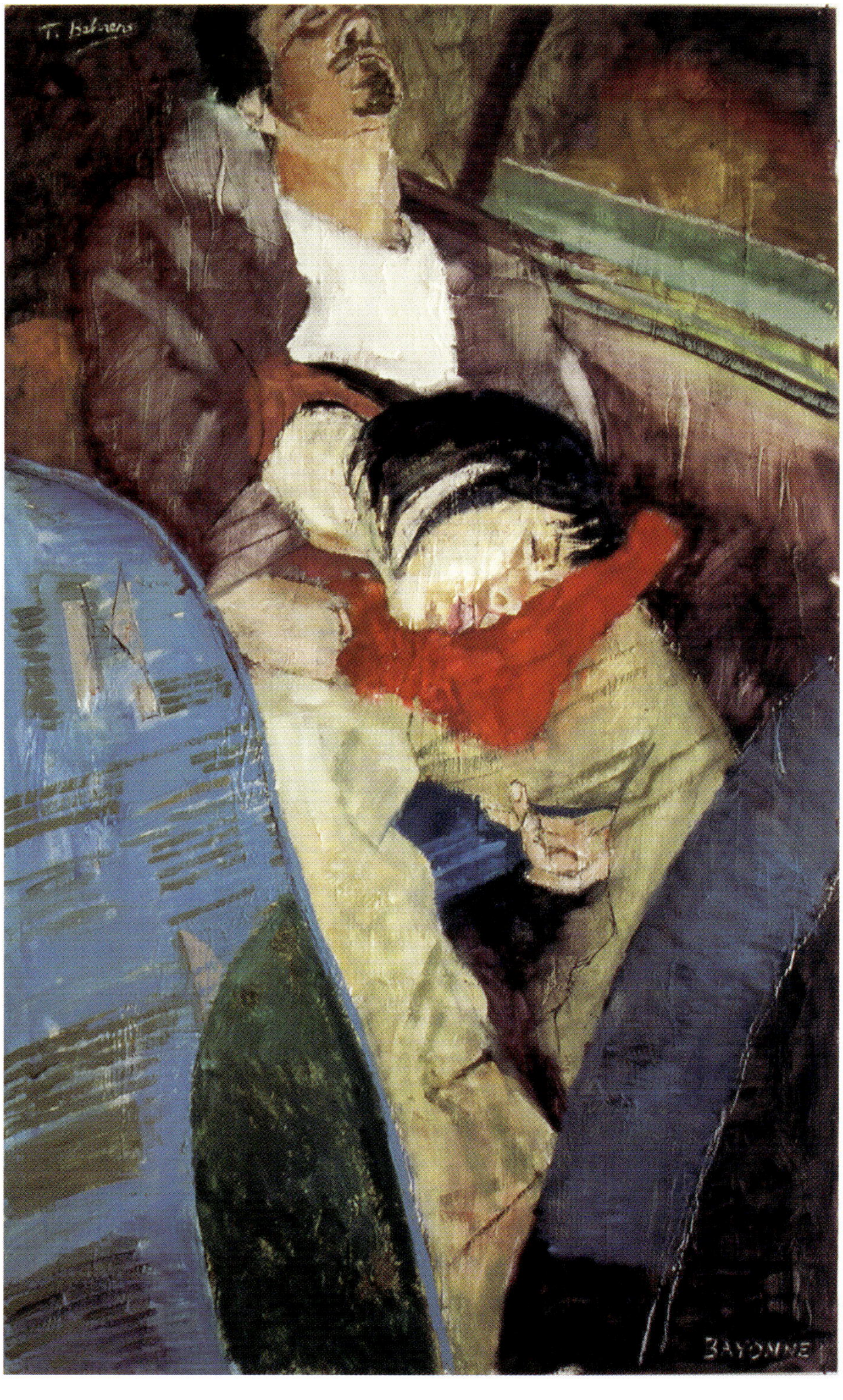

Bayonne-el coche. 2002. Óleo sobre tabla. 122 x 70 cm. Colección Cândida Vasconcelos

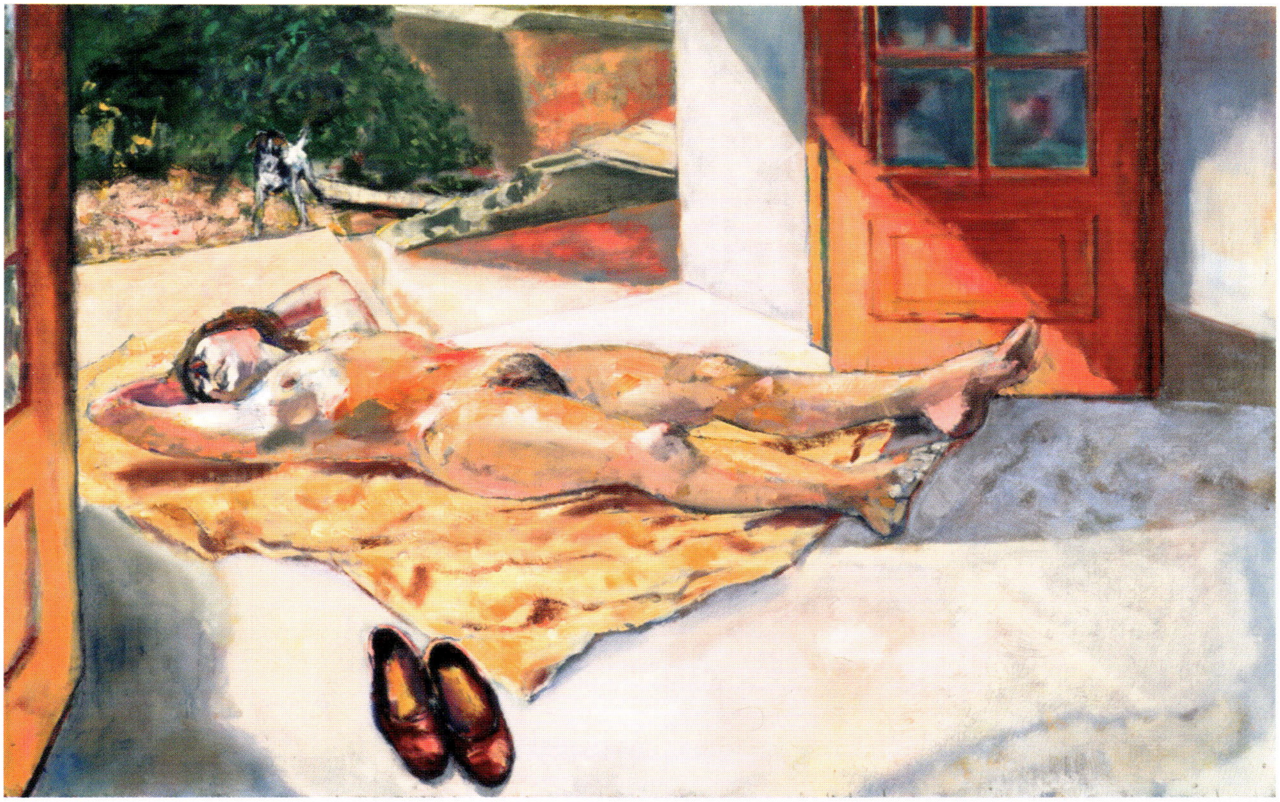

El baño de sol. 1993. Óleo sobre tabla. 122 x 76 cm. Colección Gonzalo Otazo

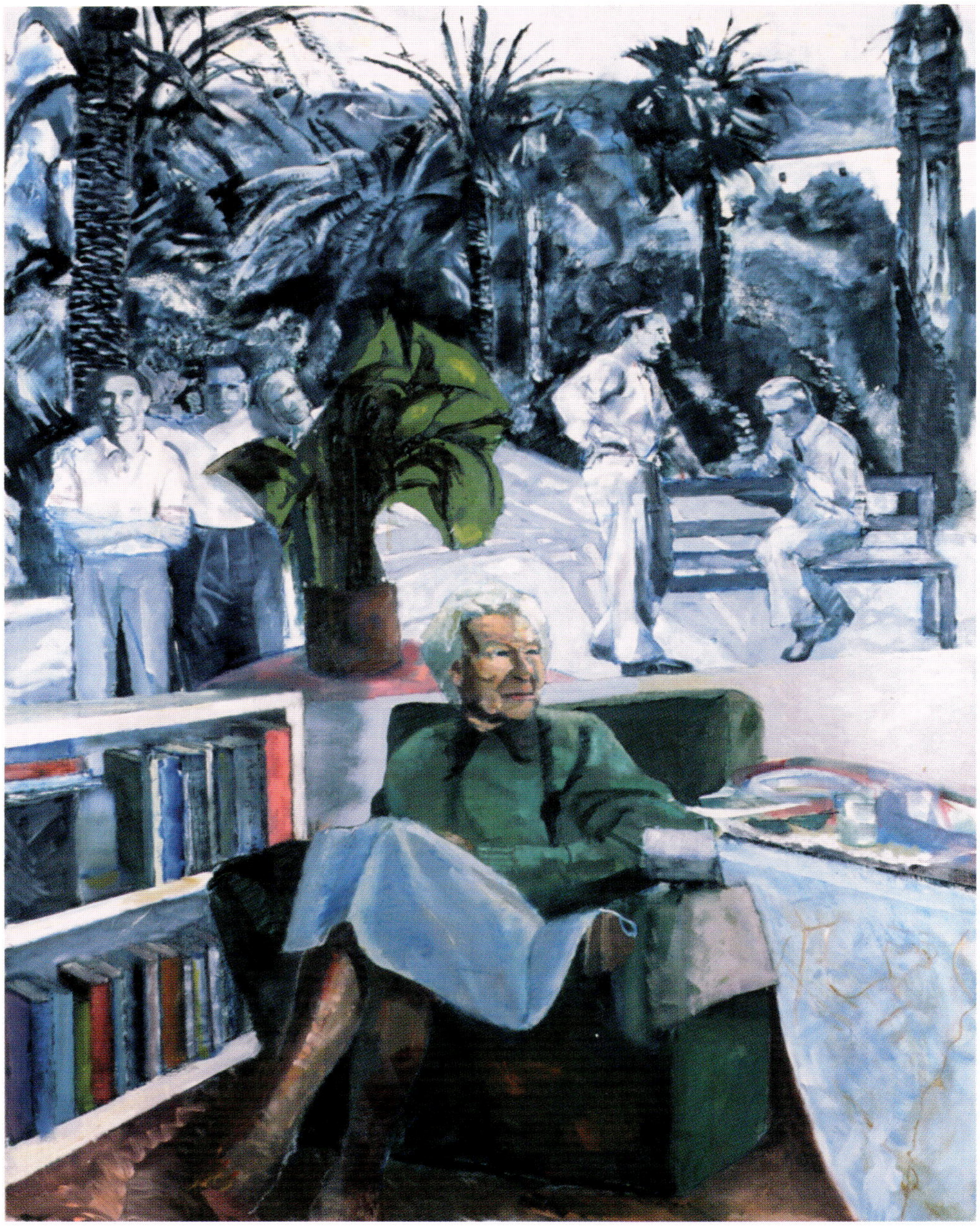

Los recuerdos de mi madre. 2001. Óleo sobre tabla. 165 x 118 cm. Colección Pío Rascón

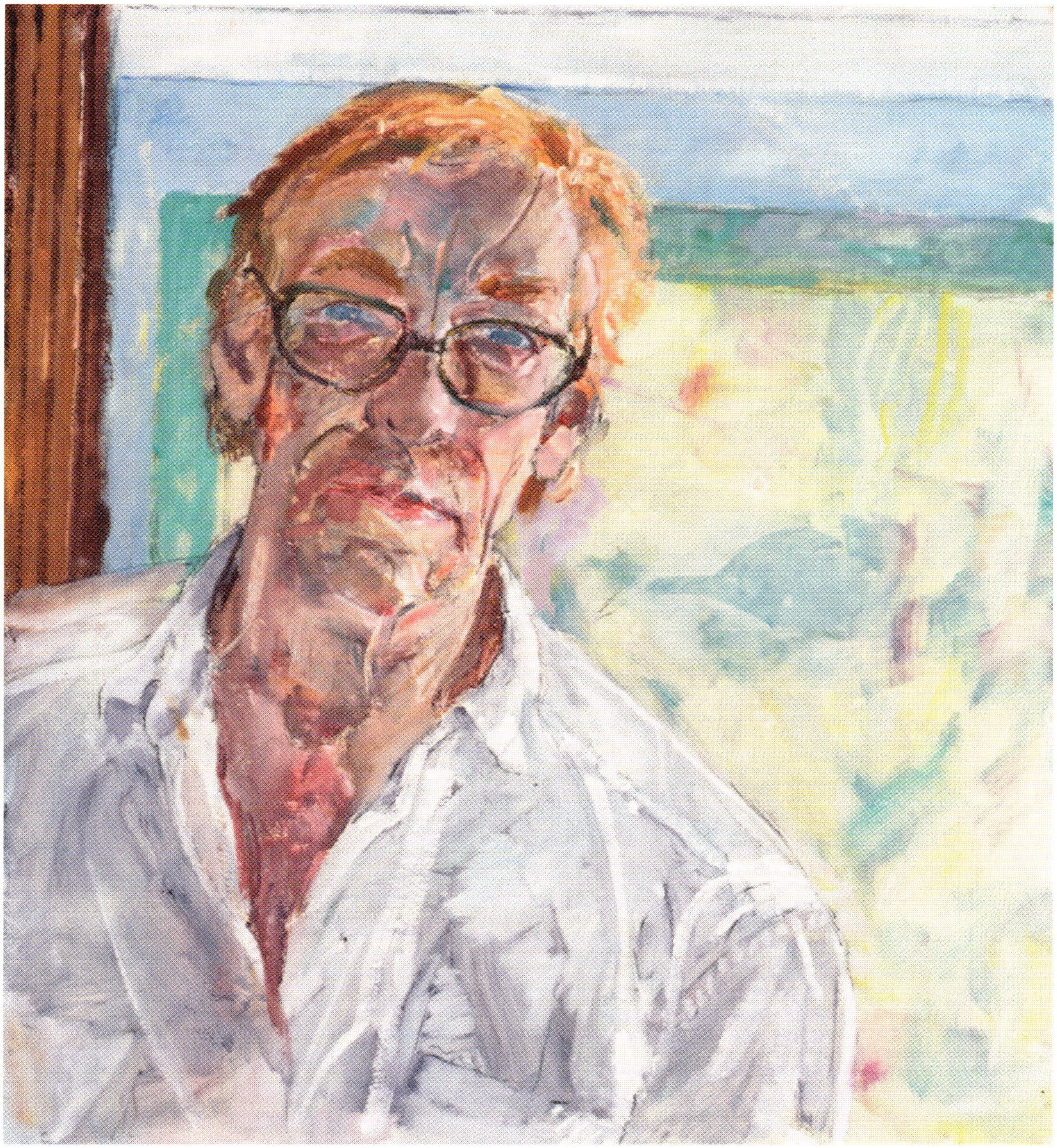

Escuchando. 2002. Óleo sobre tabla. 59 x 52 cm. Colección José Ramón López Calvo

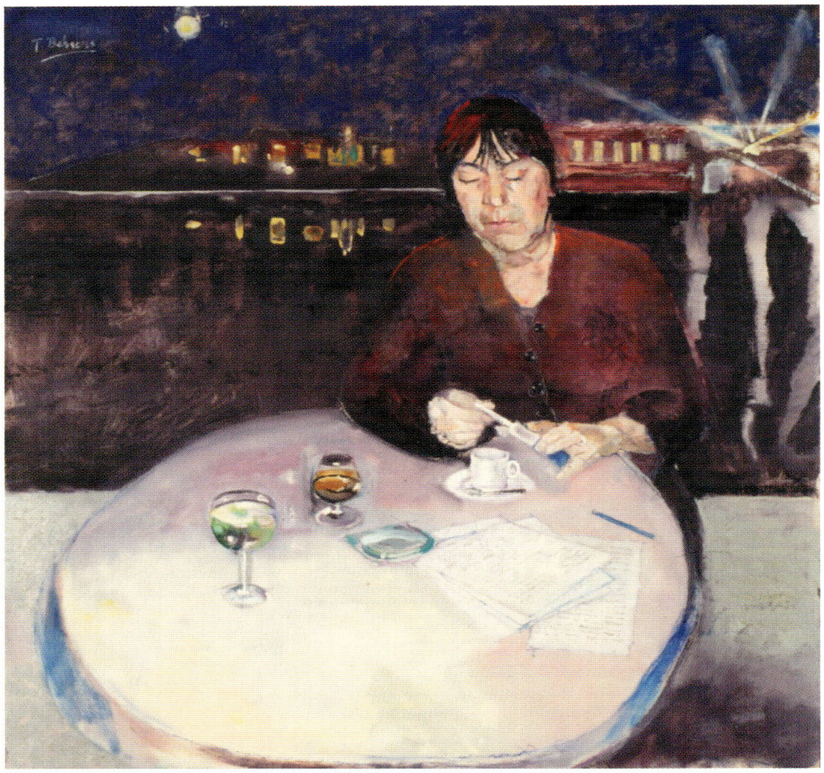

Lo quiero todo. 2000. Óleo sobre tabla. 122 x 110 cm. Colección José Varela

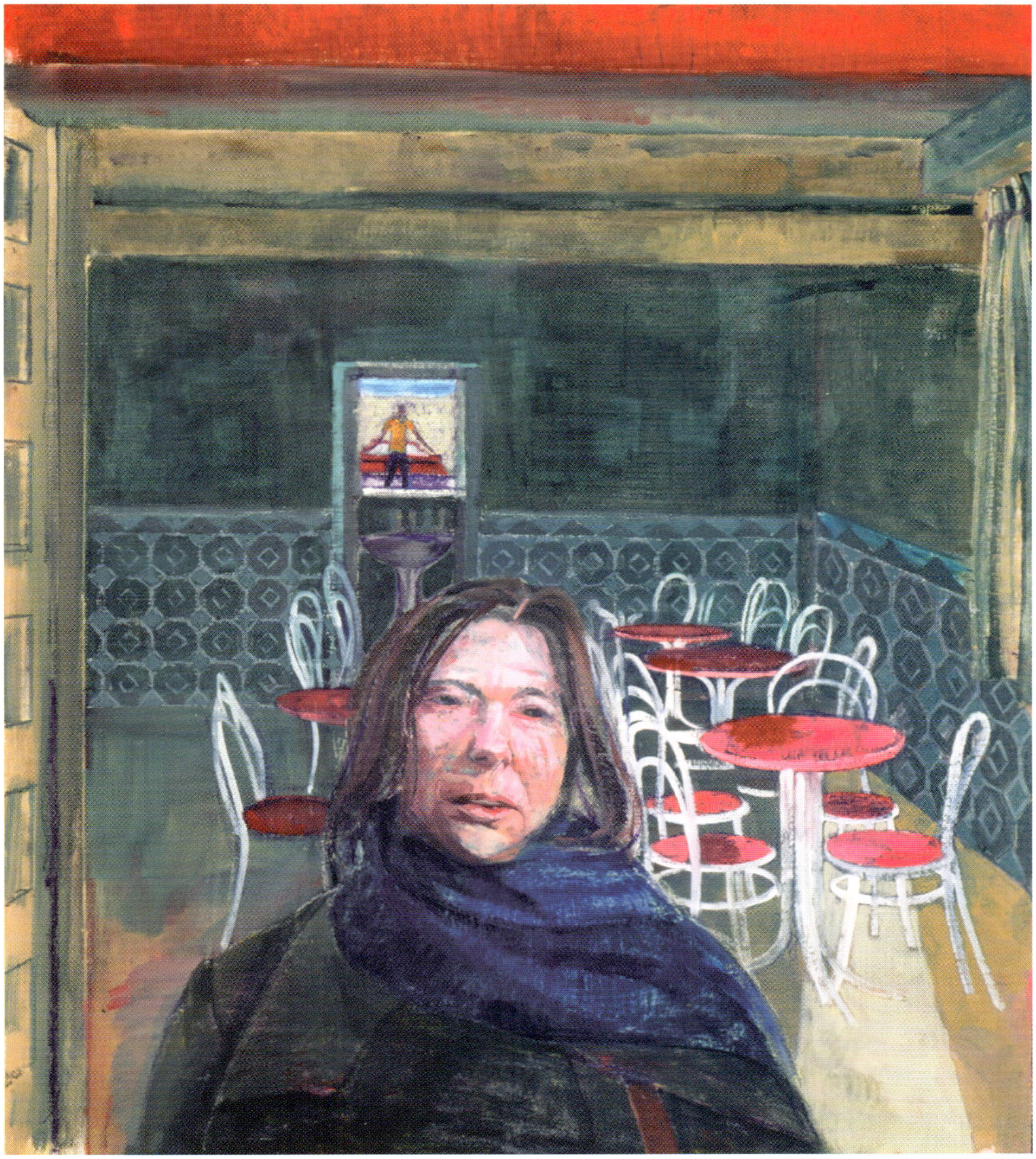

Mujer buscando un cuadro de Velázquez. 1999. Óleo sobre tabla. 116 x 98 cm. Colección Jorge Barreiro

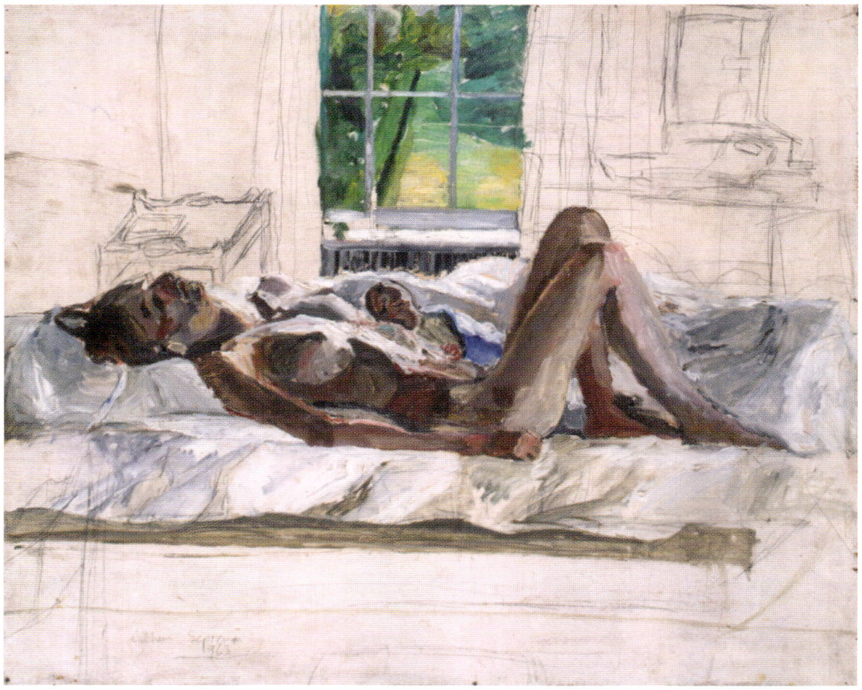

Madre. 1959. Óleo sobre table. 122 x 100 cm. Colección Jonathan Gathorne-Hardy

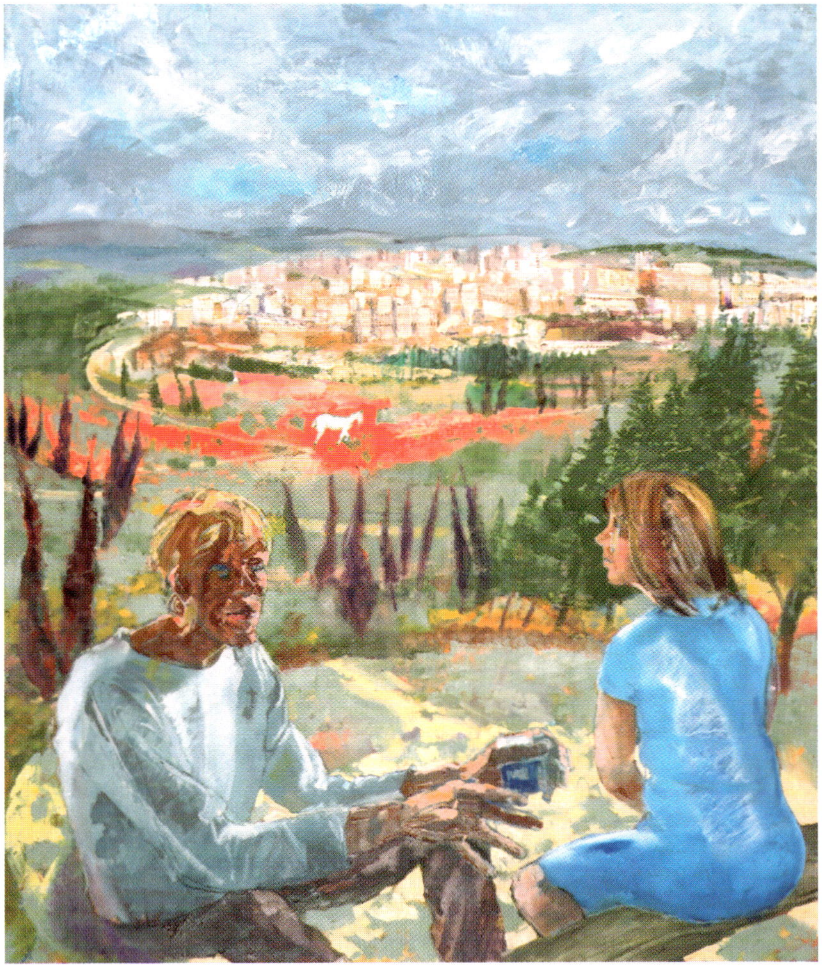

Entre nosotros. 1997. Óleo sobre tabla. 151 x 122 cm. Colección Gonzalo Otazo

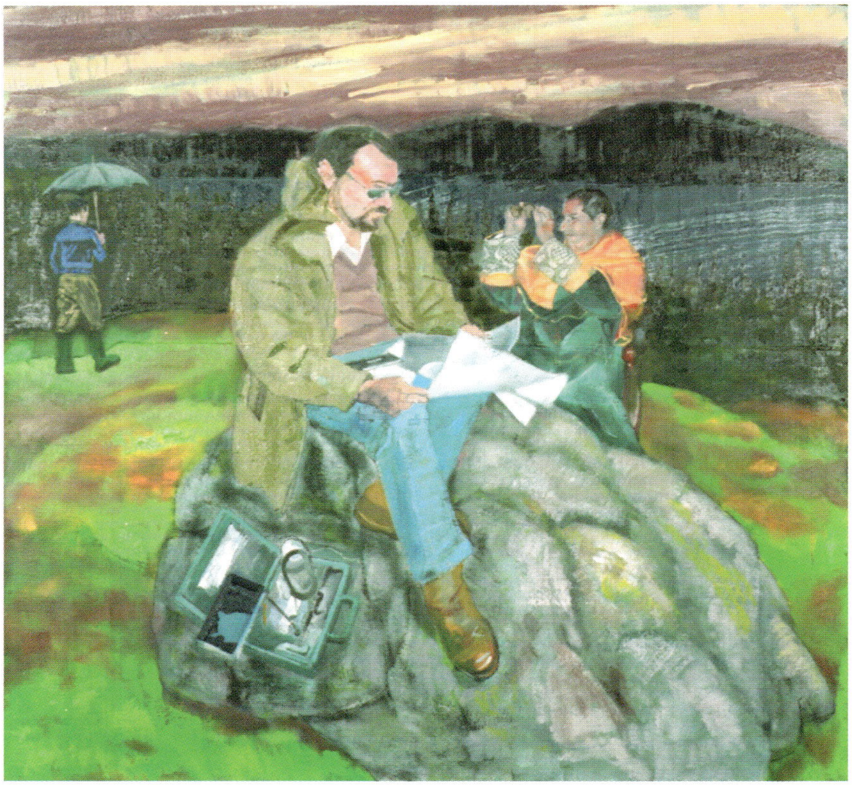

Trinidad, Rías Altas. 1996. Oleo sobre tabla. 122 x 122 cm. Colección Federico García Cabezón

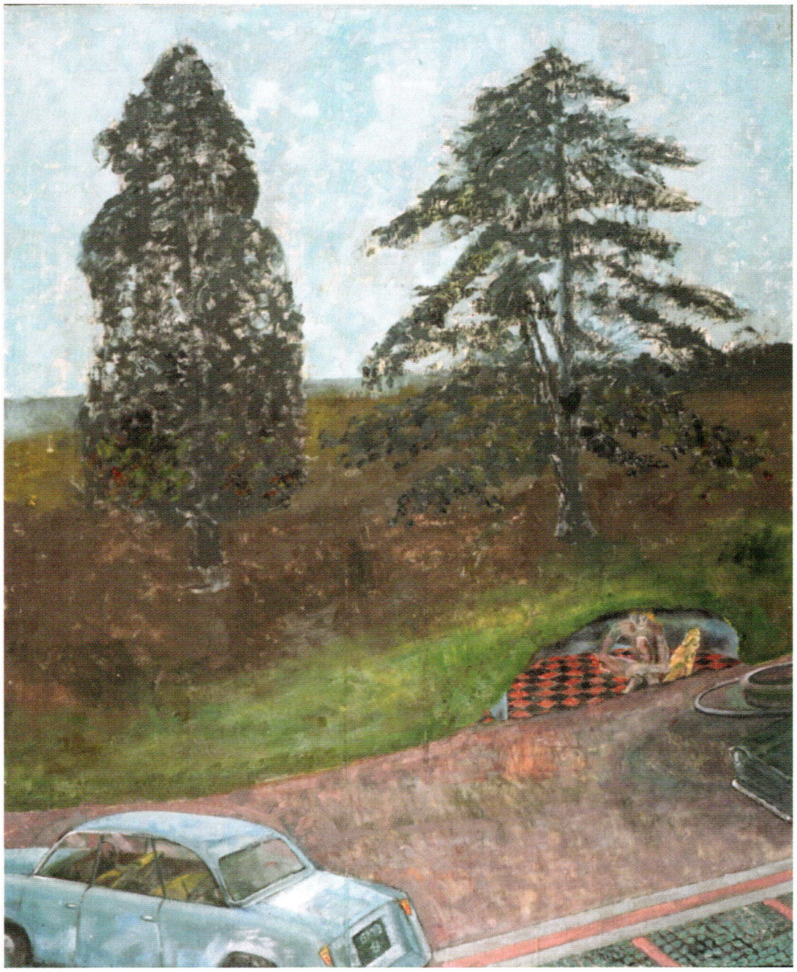

Escondido de mi padre. 1998. Óleo sobre tabla. 150 x 118 cm. Colección Augusto Loroño

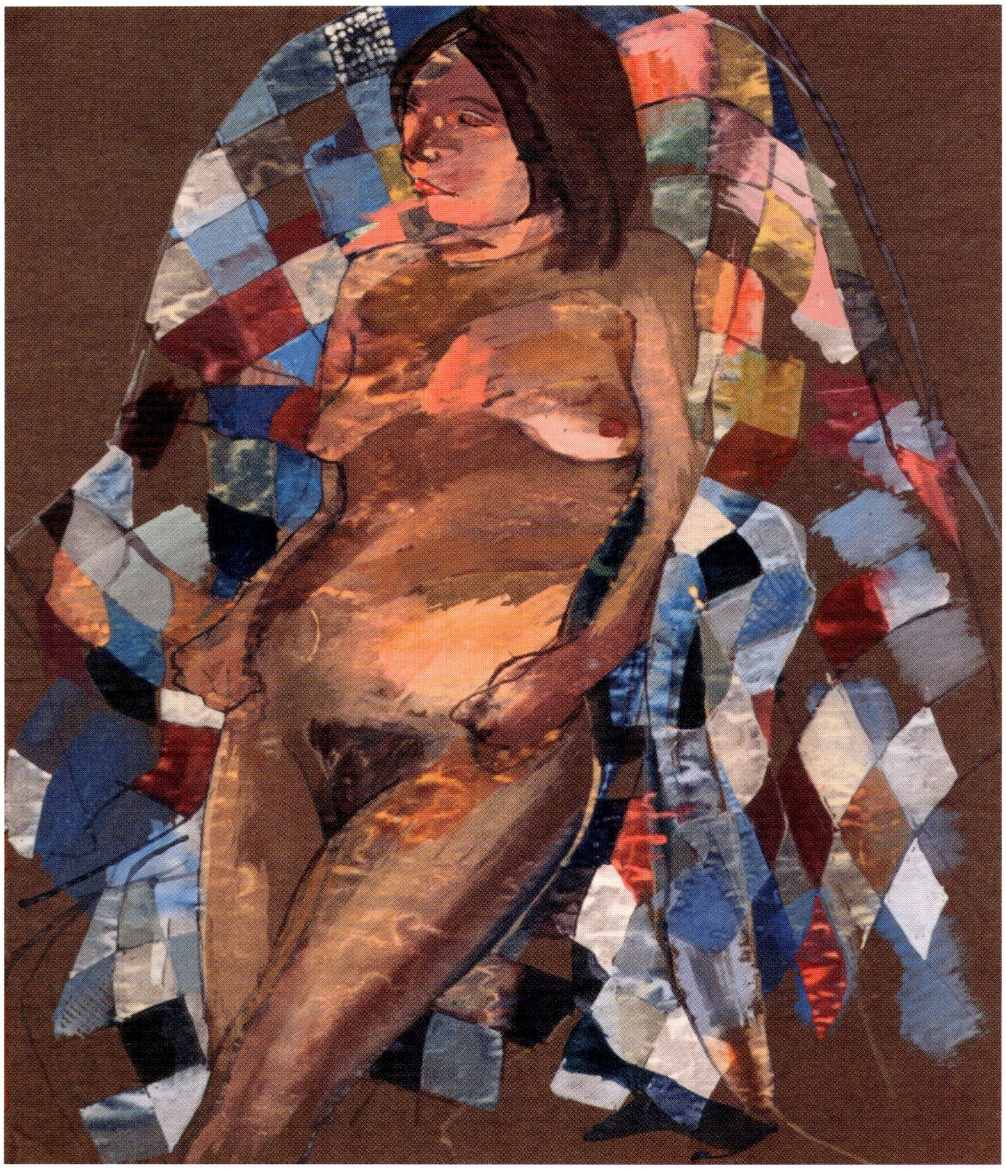

Faroe road. 1983. Acrílico sobre papel. 61 x 50 cm.

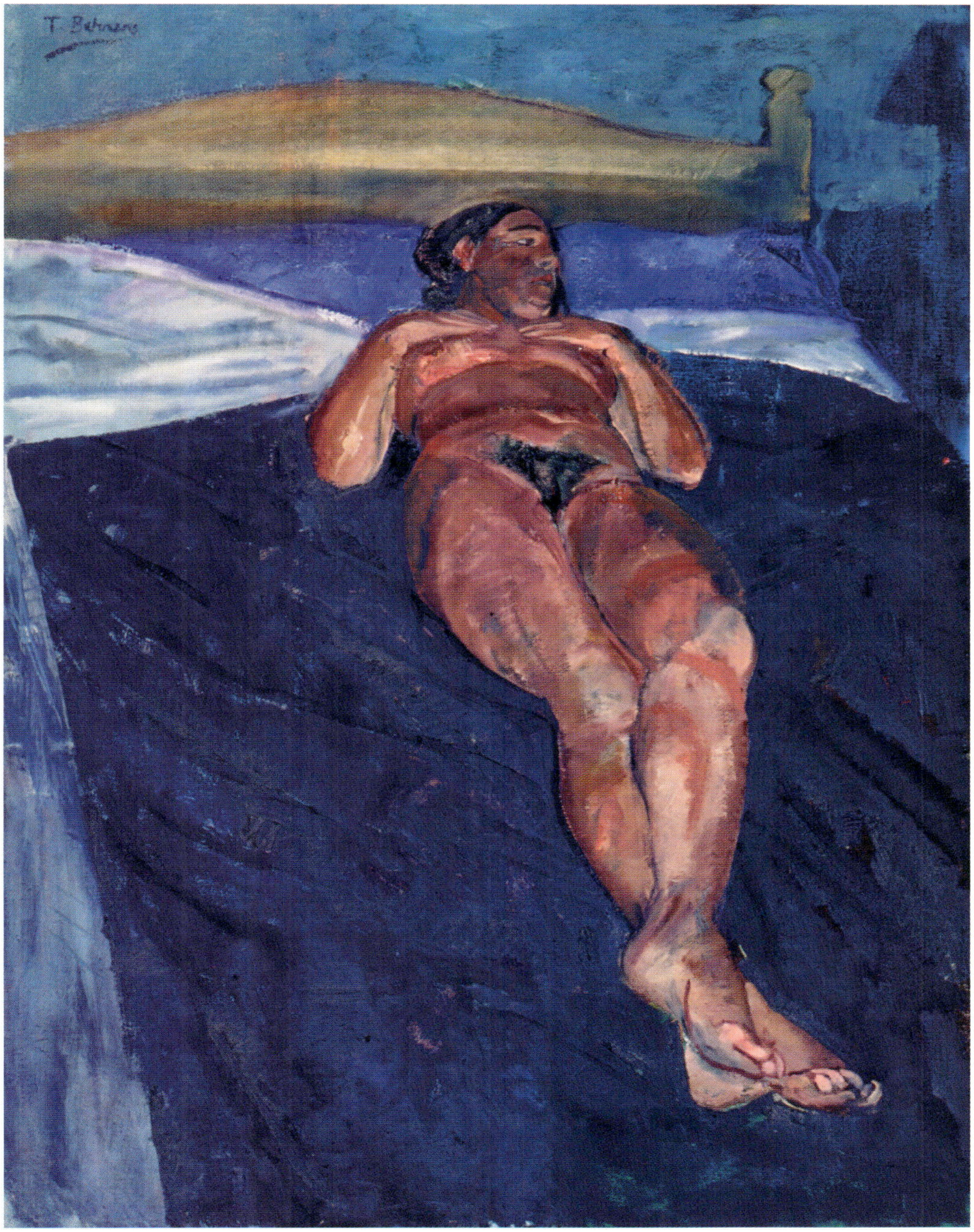

La cama sueca. 1999. Óleo sobre tabla. 118 x 89 cm. Colección Augusto Loroño

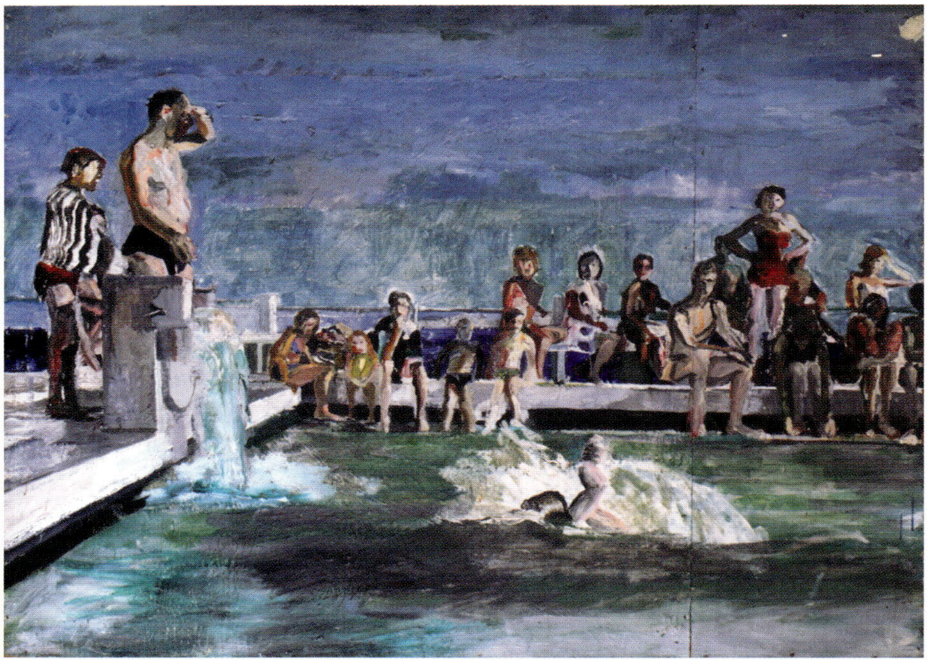

Piscina. 1963. Oleo sobre tabla. 132 x 99 cm. Colección Jonathan Gathorne-Hardy

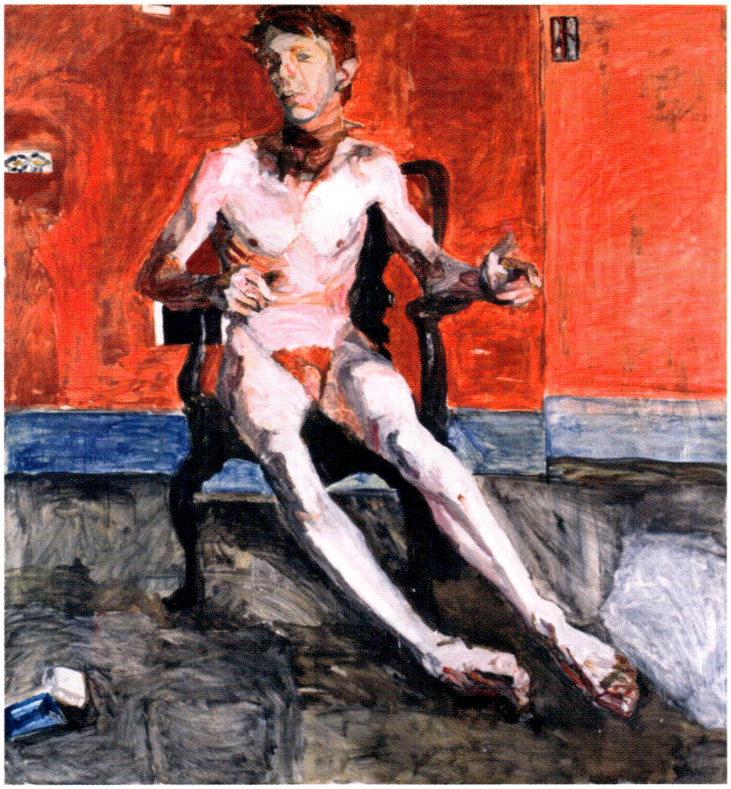

Autoretrato. 1964. Oleo sobre tabla. 132 x 125 cm. Colección Jonathan Gathorne-Hardy

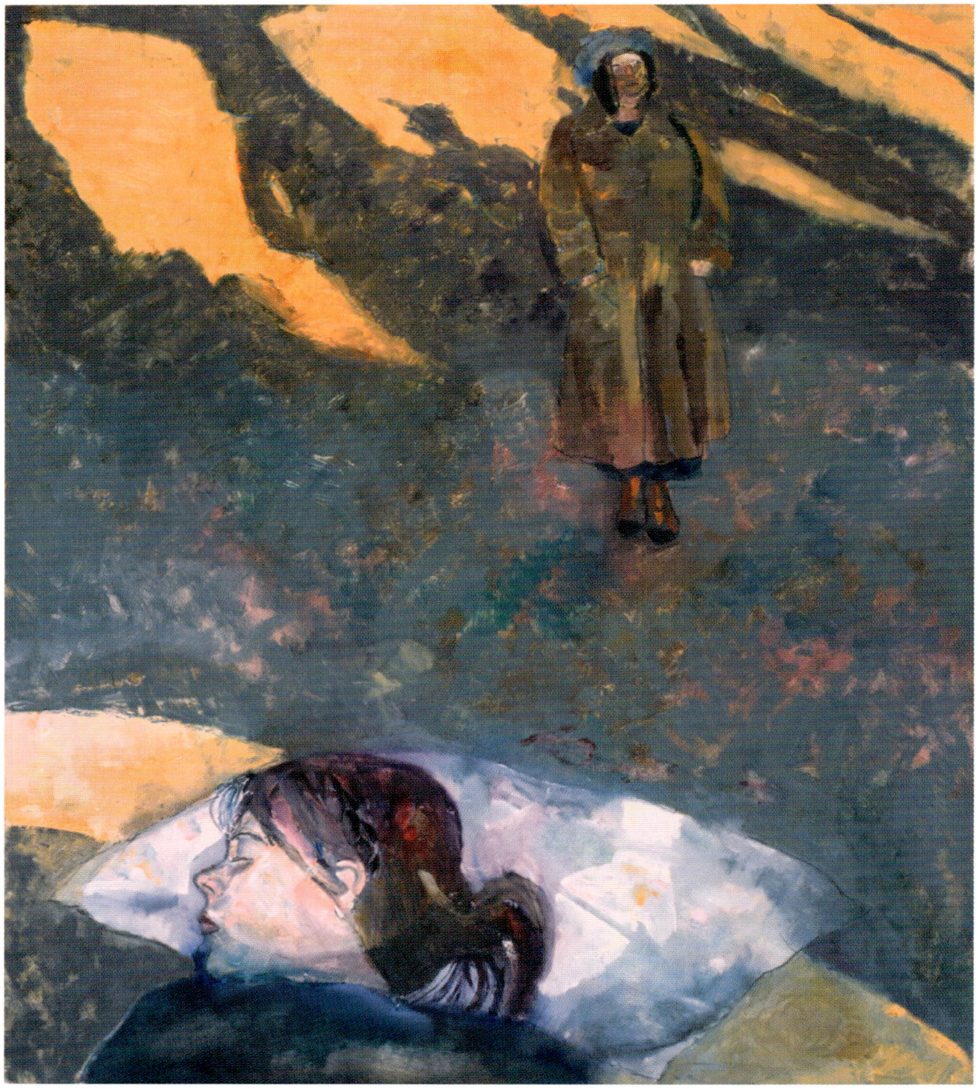

La hija que nunca tuvo. 2001. Óleo sobre tabla. 122 x 104 cm. Colección Celestino Poza

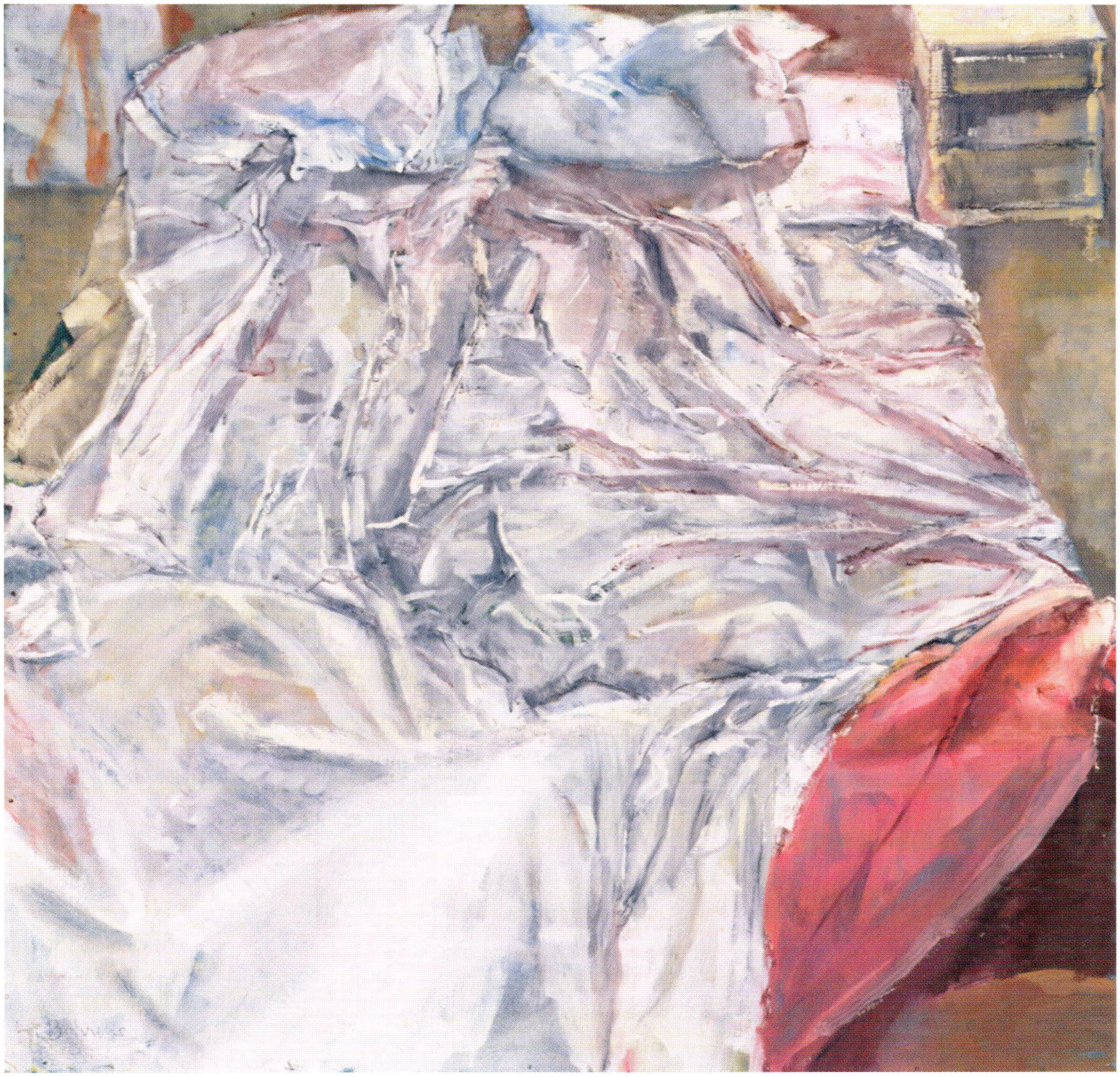

Cama rosa. 1995. Óleo sobre tabla. 122 x 122 cm. Colección Federico García Cabezón

Este catálogo se terminó de imprimir el día 5 de junio de 2003
en los talleres de Industrias Gráficas Afanias.